Anselm Grün
Monika Gunkel

Wenn Blumen
von Gott sprechen

Schöpfungsrituale
im Kirchenjahr

ANSELM GRÜN
MONIKA GUNKEL

Wenn Blumen von Gott sprechen

Schöpfungsrituale im Kirchenjahr

benno

Fotonachweis
Umschlag: © Laura Pashkevich / Fotolia, Seite 8: © michaklootwijk / Fotolia, Seite 15: © Pavlo Vakhrushev / Fotolia, Seite 16: © ARC Photography / Fotolia, Seite 57: © emer / Fotolia, Seite 58: © Hanna / Fotolia, Seite 74: © Djordje / Fotolia, Seite 152: © happy_lark / Fotolia, Seite 160: © Foap.com / Fotolia, Seite 164: © NokHoOkNoi / Fotolia

Bibliografische Information der Deutschen Nationalbibliothek
Die Deutsche Nationalbibliothek verzeichnet diese Publikation in der Deutschen Nationalbibliografie; detaillierte bibliografische Daten sind im Internet unter http://dnb.d-nb.de abrufbar.

Besuchen Sie uns im Internet:
www.st-benno.de

Gern informieren wir Sie unverbindlich und aktuell
auch in unserem Newsletter zum Verlagsprogramm,
zu Neuerscheinungen und Aktionen. Einfach anmelden
unter www.st-benno.de

ISBN 978-3-7462-5150-9

© St. Benno Verlag GmbH, Leipzig
Umschlaggestaltung: Rungwerth Design, Düsseldorf
Lektorat: Claudia Gröhn
Gesamtherstellung: Kontext, Lemsel (A)

Anekdote um Rainer Maria Rilke

Die Rose

Gemeinsam mit einer jungen Französin
kam er [Rilke]
um die Mittagszeit an einem Platz vorbei,
an dem eine Bettlerin saß
und um Geld bat.
Sie hielt sich immer am gleichen Ort auf
und nahm Almosen entgegen,
ohne auch nur einen Blick
auf die Geber zu verschwenden.
Rilke gab ihr nie etwas,
während seine Begleiterin der Frau
öfters Geld gab.

Als die Französin verwundert nach
dem Grund fragte,
warum Rilke der Frau nie etwas gebe,
erhielt sie zur Antwort,
dass man ihrem Herzen
und nicht ihrer Hand etwas
schenken solle.

Einige Tage darauf brachte Rilke
der Bettlerin eine schöne, frisch erblühte
Rose
und legte sie in die um Almosen
bittende Hand.

Da geschah etwas Unerwartetes:
Die Bettlerin blickte zu dem Geber auf,
erhob sich mühsam
und ging mit der Rose davon.
Eine Woche lang war die Bettlerin nicht
mehr zu sehen.
Dann saß sie wieder wie zuvor an ihrem ge-
wohnten Platz
und wandte sich weder mit einem Blick noch
mit einem Wort an ihre Geber.

Auf die Frage der Französin,
wovon die Frau während der Zeit,
in der sie keine Almosen erhalten habe,
gelebt habe, antwortete Rilke:

»Von der Rose«.

Wenn Blumen sprechen

»Lasst Blumen sprechen!« So werben die Blumenläden, besonders vor Feiertagen, in der Hoffnung auf ein gutes Geschäft. Manchmal sagt man auch etwas »durch die Blume«, was bedeutet, dass man etwas angenehmer formuliert oder eine Kritik freundlicher anbringt.

Was ist das für ein Kommunikationssystem, das sich die Blumen aufgebaut haben, und: Können wir daran teilhaben? Ob wir sie auch richtig verstehen, wenn sie zu uns sprechen, liegt vor allem an der Aufmerksamkeit, die wir ihnen entgegenbringen.

Ein kleines Erlebnis in einem Blumenladen hat uns nachdenklich gemacht:

»Ich hätte gerne einen Blumenstrauß für 25 Euro«, sagte der junge Mann, der vor mir im Blumenladen bedient wurde. Die Floristin lächelt ihn an und fragt: »Na, was soll es denn sein?« »Ist egal«, antwortet er etwas zu schnell. Die Verkäuferin lächelt noch ein wenig nachsichtiger und fragt: »Für wen soll denn der Strauß sein?« »Für meine Mutter«, sagt der junge Mann, nicht ohne ein wenig Stolz in der Stimme. »Morgen ist doch Muttertag.«

Stimmt es wirklich, dass wir von allem nur noch den Preis kennen und nicht den Wert und die tiefere Bedeutung, die den Wert ausmacht? Blumen sind nicht einfach eine Ware, sie sind Lebewesen. Jede Einzelne von ihnen ist eine Persönlichkeit, einzigartig in ihrer Form und Farbe, in ihrem Duft und ihrem Wachstum.

Von den Aborigines, den Ureinwohnern Australiens, erzählt man, dass sie jedes Mal, wenn sie ein Tier oder eine Pflanze als Nahrung gebraucht haben, sich bei dem Lebewesen bedanken, dass es sich als Nahrung zur Verfügung stellt. Da spürt man ihre Ehrfurcht vor dem Geheimnis der Natur.

Blumen lassen sich nicht herstellen. Wir können sie züchten und immer wieder neu anpflanzen, wir können sie säen und neue Sorten hervorbringen, aber wir können sie nicht machen. Sie sind ein Geschenk Gottes an die Menschen. In seiner großartigen Schöpfung hat er uns eine Fülle dieser wunderbaren Pracht zu unserer Freude überlassen. Eine verschwenderische Fülle, die uns täglich die übergroße Liebe Gottes zu den Menschen erfahrbar werden lässt. Nur die Liebe kann so verschwenderisch sein. Jesus erzählt das eindrücklich in dem Gleichnis von den Lilien des Feldes (Mt 6,28ff.).

Die Blumen selbst machen uns ebenfalls ein großes Geschenk. Sie schenken uns eine Zeitspanne ihres Lebens, denn als Schnittblumen z. B. werden sie sterben. Sie geben ihr Leben hin, um unser Leben zu erfreuen.

Blumen sprechen uns auch in Kirchen an und sind ein unverzichtbarer Teil des Gottesdienstes. Aber wenn wir über die Schwelle einer Kirche gehen, empfängt uns ein Raum, der so ganz anders ist als alle Lebensräume, die wir sonst bewohnen. Unser Schritt verlangsamt sich, unser Blickwinkel weitet sich, wir spüren etwas Erhabenes, was wir nicht gleich benennen können. Kirchen sind in unserer rastlosen Zeit immer wieder Orte, an denen Raum und Zeit unserem geschäftigen Treiben Einhalt gebieten. Sie sind nicht als Kunstobjekte gebaut worden und auch nicht zu unserem ästhetischen Genuss da. Sie sind bewohnt vom Geist Gottes und nicht vom Zeitgeist, der uns jagt und zu immer schnellerem Arbeiten und wichtigeren Aufgaben antreibt. Nehmen wir uns dann noch so viel Zeit, uns still an einen Ort zu begeben und zu schauen, dann wird die Kirche ihre Schönheit Stück für Stück preisgeben und zu erzählen beginnen.

Heute wird längst nicht mehr in allen Kirchen auch regelmäßig Gottesdienst gefeiert. Es gibt aber ein untrügliches Indiz dafür, ob eine Kirche ein Gottesdienstraum ist oder nur noch als kunsthistorisches Touristenziel dient. Dieses Indiz sind frische Blumen. Das bedeutet nicht, dass in den touristisch viel besuchten Kirchen keine Blumen stehen würden. Sie sind dann aber an irgendeinem Platz dekorativ aufgestellt. Ganz anders begegnen uns Blumen in einem Gottesdienstraum.

Dort finden sich die Blumen an ganz bewusst ausgesuchten Orten und geben schon so ihre erste Botschaft an den Betrachter. Sie sprechen zu uns und können uns hineinführen in das Geheimnis des lebendigen Gottes, für den sie als lebende Zeugen stehen. Im Schauen kann sich auch schon ein Zwiegespräch zwischen dem Gestalter und dem Betrachter entwickeln. Wir unterscheiden ja zwischen sehen und schauen. Man kann ein Kunstwerk ansehen oder anschauen. Das Anschauen geht tiefer. Da schauen wir nicht nur mit den Augen, sondern lassen den Anblick in unsere Seele fließen. Dabei kommen wir unwillkürlich mit dem Gestalter und mit uns selbst in Berührung. Man fragt sich, warum bestimmte Details so sind und nicht anders und was der Künstler wohl damit ausdrücken wollte.

Ebenso kann man sehen, dass an einer bestimmten Stelle Blumen stehen. Aber erst wenn wir im Anschauen verweilen, werden wir uns fragen: Warum gerade diese Blumen, warum an jener Stelle, was wollte der Gestalter damit ausdrücken, worauf will er uns hinweisen? Die Antworten werden ganz persönlich nur für uns gegeben und vielleicht zeigen sie einen Weg auf, wie aus dem Betrachter ein Gestalter werden kann. Blumen begegnen uns ja nicht nur in der Kirche. Sie prägen unser Leben, ob wir es glauben oder nicht.

In diesem Buch wollen wir die Blumen zu Wort kommen lassen und uns hineinfühlen in ihre geheimnisvolle Sprache und in ihre Botschaften an uns Menschen. Es ist die Sprache Gottes, die sich in seiner unglaublich schönen Schöpfung verbirgt. Im

Kreis der Jahreszeiten und des Kirchenjahres wollen wir der Natur Gottes Botschaft an uns Menschen ablauschen und uns anregen lassen, die Schöpfung mitzugestalten. Das Schenken von Blumen, das Gestalten mit Blumen oder das Pflegen von Blumen macht unser Leben freundlicher, froher und lebendiger.

Zu allen Zeiten wurden Blumen gern als Botschafter gesendet. Sie sprechen ihre eigene Sprache, vor allem dort, wo unsere menschliche Sprache versagt.

Blumen in unserem Leben

Ob wir nun große Blumenliebhaber sind oder nicht: Blumen spielen in unserem Leben eine nicht unwesentliche Rolle. Das geht durch alle Schichten der Bevölkerung und durch alle Altersklassen. Es reicht vom Kleingärtner mit dem grünen Daumen bis zu solchen Chefs, die ihre Blumen durch die Sekretärinnen besorgen lassen. Mein ehemaliger Chef sagte einmal zu mir: »Können Sie mir heute einen Strauß Blumen für meine Freundin besorgen? Aber«, und dabei hob er seinen Aktenkoffer in die Höhe, »sie müssen hier hineinpassen. Ich laufe doch nicht mit dem Gemüse durch das ganze Institut.« Aber immerhin hat er »das Gemüse« für seine Freundin gekauft. Und wenn uns eine dreijährige, schmutzige Patschhand ein paar nach Atem ringende Gänseblümchen entgegenstreckt und ruft: »Für dich«, dann kann man gar nicht anders, als ein kleines Glas mit Wasser zu holen und sie auf den Tisch zu stellen. Betrachten wir also zunächst einmal, wie das ist, wenn wir Blumen schenken.

Blumen als Geschenk

Für alles Schöne, was vergeht,
bleibt eine Welt von Schönheit,
in die man eingehen kann.

RICARDA HUCH

Wir wissen nicht, wer wem die erste Blume ins Haar gesteckt hat, aber wir wissen, dass das Schenken von Blumen eine uralte Tradition ist. Bis auf den heutigen Tag sind es meistens Frauen, denen Blumen geschenkt werden. Vielleicht ist es ein letztes Relikt an die mittelalterliche Minnezeit, wo die Frauen mit Blumen und viel Ehrfurcht umworben wurden. Wenn die Angebetete die Blume annahm, konnte der Verehrer sich Chancen ausrechnen. So waren Blumen schon immer Boten der Liebe, die ohne Worte eine Liebeserklärung überbringen durften. Und ich glaube, daran hat sich bis heute nicht viel geändert.

Nur etwas hat sich in der heutigen Zeit verändert. Es gibt eine Vielzahl von Anlässen in unserem Leben für das Schenken von Blumen. Und immer kann man in einem Blumengeschenk eine geheime Botschaft vermuten. Wenn wir uns auf den Schenkenden und seine Blumen einlassen, werden die Blumen zu uns sprechen.

Heute ist es meistens erst einmal der obligatorische Geburtstagsstrauß. Kein Geburtstag ohne Blumen. Dem einen hilft er aus der Verlegenheit, weil er nicht weiß, was er schenken soll. (Über Blumen freut sich jede Frau.) Ganz sicher hat sich auch die Mutter des jungen Mannes mit seinem Muttertagsstrauß gefreut. Denn dieses Geschenk sagt: Ich habe dich nicht vergessen. Jedes Jahr denke ich an deinen Geburtstag, an den Muttertag. Du bist mir wichtig. Manchmal sagt man beim Überreichen: »Es ist nur eine kleine Aufmerksamkeit.« Aufmerksam durch das Leben zu gehen, seine Mitmenschen wahrzunehmen, ist in unserer heutigen, hektischen Zeit schon ein ganz großes Geschenk.

Aber ein Blumenstrauß, der aus den Lieblingsblumen der Beschenkten besteht, in ihrer Lieblingsfarbe gehalten ist oder in einen besonderen Gefäß arrangiert ist, von dem man weiß, dass es bei ihr Begeisterungsstürme auslösen wird, erzählt noch viel mehr. Er sagt: Ich weiß, was du gern hast, ich weiß, was dich bewegt, ich weiß, worüber du dich in der Tiefe deines Herzens freust. Das sind dann nicht irgendwelche Blumen oder solche, die einem selbst gefallen, sie sind für diesen Menschen extra ausgesucht. Solche Blumengeschenke lösen in uns eine tiefe Freude aus, eine herzliche Verbundenheit mit dem Schenkenden. Wir fühlen uns verstanden und geborgen im Herzen eines anderen Menschen.

Blumen zum Hochzeitstag

*Ist unter euch einer, der sich mit
einer Frau verlobt hat und sie noch
nicht geheiratet hat? Er trete weg
und kehre nach Hause zurück,
damit er nicht im Kampfe fällt
und ein anderer seine Frau heiratet.*

DTN 20,7

Bei einer Hochzeit wird viel Sorgfalt darauf verwendet, den Brautstrauß auszusuchen. Es wird genau überlegt, welchem Blumenladen und welcher Floristin man diese Aufgabe anvertraut. Dann werden viele Kataloge gewälzt und der Strauß in Form und Farbe auf das Brautkleid abgestimmt. Und selbstverständlich wird ein kleines gleiches Gebinde für den Bräutigam angefertigt.

Bei der Hochzeitsfeier gibt es einen Brauch, dass die Braut den Hochzeitsstrauß in die Luft wirft. Wer von den Gästen ihn auffängt, darf sich als Nächster auf seine Hochzeit freuen. So will das Paar sein eigenes Glück dem nächsten Paar weitergeben.

In einem noch älteren Brauch brachte das Paar in einer stillen Minute des Tages den Hochzeitsstrauß zurück in die Kirche und legte ihn vor den Altar. Damit wollte das Paar Gott für die Liebe danken, die er ihnen ins Herz gesenkt hat und für den gemeinsamen Bund, den er mit ihnen geschlossen hat.

Wenn dann, auch nach vielen Ehejahren, der

Mann seiner Frau immer wieder zum Hochzeitstag den Brautstrauß schenkt, so spricht das von einer tiefen Liebe und Verbundenheit zu ihrem Jawort und lässt den Tag der Hochzeit immer wieder lebendig werden, vielleicht auch in neuem Licht erscheinen. Manche Männer schenken zum Hochzeitstag auch Blumen in der Anzahl der Ehejahre. Das zeigt: Mit jedem Jahr wird der Strauß des Lebens und der Erfahrungen größer und erinnert an die guten und weniger guten Zeiten, die man schon zusammen erlebt hat. Und wenn es am ersten Hochzeitstag nur eine Rose ist, dann bringt der Ehemann mit dieser Blume zum Ausdruck: Du bist die Einzige und Erste und Schönste. Und das sagt eben viel mehr als ein Strauß, der auf dem Nachhauseweg schnell an der Tankstelle gekauft ist, weil man den Hochzeitstag fast vergessen hätte.

Blumen zur Versöhnung

> *Gefallen dem Herrn die Wege eines Menschen, so versöhnt er auch seine Feinde mit ihm.*
>
> SPR 16,7

Meistens braucht es nur wenige Reizworte, um einen zünftigen Familienkrach heraufzubeschwören. Danach findet man nicht den richtigen Zeitpunkt, den richtigen Ton, das richtige Wort. In diese Sprachlosigkeit kann manchmal eine einzige Blume das erlösende Wort sprechen: Es tut mir leid. Und auch dort werden die Blumen von Herzen zu Herzen sprechen, wenn mit den Blumen eine gemeinsame Erinnerung verbunden ist. Eine Erinnerung an eine gute Zeit, an einen liebenswerten Ort, an einen Tag, an dem man ein Herz und eine Seele war. So ein Versöhnungsstrauß ist auch fast immer der Beginn eines neuen Anfangs. Wir gehen weiter, weil wir das Leben nicht allein leben müssen, sondern weil Gott es mit uns lebt. Weil er uns verzeiht, können wir uns auch verzeihen.

Blumen als Gastgeschenk

> *Vergesst die Gastfreundschaft nicht;*
> *denn durch sie haben einige,*
> *ohne es zu ahnen,*
> *Engel beherbergt.*
>
> HEBR 13,2

Es ist nebensächlich, ob es ein lange geplanter Termin oder eine überraschende Einladung ist. Wenn wir einen Besuch machen, möchten wir etwas mitnehmen. Gastfreundschaft ist ein hohes Gut.

In der Regel des heiligen Benedikt steht, dass wir in jedem Gast Christus sehen sollen. Wenn ich jemanden in meine Wohnung, in mein Haus hineinlasse, gebe ich ihm Einblick in mein ganz privates Leben. Ich lasse ihn sozusagen in mich hineinschauen. Als ich 1987, 26 Jahre nach dem Mauerbau, das erste Mal zu meinen Brüdern und Verwandten nach Westdeutschland reisen konnte, war es mir ganz wichtig, jede Wohnung und jeden Arbeitsplatz zu sehen. Ich wollte wissen, was für Bücher im Regal stehen und welche Bilder an den Wänden hängen. Ob sie Musik hören und welche. Oder wer am Abend lieber ein Glas Bier oder einen Wein trinkt. Das waren alles Lücken in ihrer Persönlichkeit, die ich über Jahrzehnte nicht schließen konnte.

Ein Gast, der unsere Wohnung betritt, erlebt uns anders als am Arbeitsplatz oder beim gemeinsamen Spielplatzbesuch mit den Kindern. Er kommt uns nah. Das ist auch ein großer Vertrauensbeweis des Gastgebers. Mit Blumen für die Frau des Hauses zeigt man seine Dankbarkeit für dieses Vertrauen, für die Vorbereitung des Besuches und die Freude über die gemeinsame Zeit, die man nun verbringen möchte. Ein selbst gepflückter Feldstrauß macht genauso viel Freude, wie ein Floristenstrauß aus dem Blumenladen, wenn er stimmig ist. Wenn man den Gastgeber betrachtet und die Situation der Einladung, werden uns die Blumen selber sagen, was stimmig ist.

Blumen für Kranke

Größer als eine Krankheit zu heilen:
sie hinzunehmen und diese Hinnahme
mit einem anderen zu teilen.

THORNTON WILDER

Blumengeschenke können zugleich tröstende Geschenke sein. Bei Krankenbesuchen, ob zu Hause oder im Krankenhaus, sind sie ein Zeichen des Lebens, der Schönheit und der Hoffnung. Ein anonymes Krankenhauszimmer kann durch eine Blume auf dem Nachttisch plötzlich zu einem kleinen Refugium werden. Auch wenn man dort nur ein Bett und einen Nachttisch besitzt, wird dieser Ort durch eine kleine Blume etwas Besonderes. Er unterscheidet sich plötzlich von allen anderen Betten und Nachttischen. Der Ort wird dadurch ein wenig Heimat. Die Blumen erzählen, dass es da draußen Menschen gibt, die auch in Krisensituationen zu uns stehen. Durch die Blumen kann man sich noch lange an dem Besuch erfreuen, auch wenn der Besucher längst gegangen ist. Es gibt uns das Gefühl, dass wir in unserer Krankheit nicht alleine sind, dass Menschen sich um uns sorgen, für uns da sind, für uns beten.

Blumen für Verstorbene

*Ein glückseliges Leben ist der
Genuss der Gegenwart;
das ewige Leben ist die
Hoffnung der Zukunft.*

AMBROSIUS

Bei Beerdigungen spielt es erstmalig keine Rolle, ob der Verstorbene ein Mann oder eine Frau war. Man schenkt Blumen in jeder Form: Kränze, Sträuße, Gebinde oder auch einzelne Blumen. Sie alle wollen den Weg begleiten, bis der Verstorbene dort angekommen ist, wo er die ganze, großartige Schönheit der Schöpfung im Angesicht Gottes schauen darf.

Auch wenn wir unsere Verstorbenen auf dem Friedhof besuchen, werden immer wieder Blumen auf die Gräber gelegt. Sie lassen uns in Beziehung zu den Verstorbenen treten, weil die Liebe stärker ist als der Tod. Wir glauben, dass unsere Verstorbenen in der übergroßen Liebe und Barmherzigkeit Gottes aufgehoben sind und dass sie dadurch weiterleben. Jesus spricht: »Ich bin die Auferstehung und das Leben. Wer an mich glaubt, wird leben, auch wenn er stirbt« (Joh 11,25). Durch unseren Auferstehungsglauben sind wir in der Lage, mit den Verstorbenen Zwiesprache zu halten, und nicht selten sind es die Blumen, die uns den Anfang eines solchen »Gespräches« finden lassen, wenn wir ihre Gräber auf dem Friedhof besuchen. Und auch dort kann man beobachten, wie individuell Besucher die Blumen wählen. Da kommt einer mit einer Rose oder mit drei weißen Lilien oder einem Strauß Löwenzahn. Man kann geradezu erspüren, wie die gewählten Blumen die Beziehung zwischen dem Verstorbenen und dem Hinterbliebenen herstellen.

Oft werden am Rande unserer Straßen Kreuze aufgestellt, wenn Menschen an dieser Stelle durch einen Unfall den Tod gefunden haben. Auch da kann man beobachten, dass Blumen dazugestellt werden und sogar immer wieder erneuert werden. Ein tödlicher Unfall ist eine Abschiedssituation in der Familie, mit der keiner gerechnet hat. Da wird ein Mensch manchmal in einem Bruchteil einer Sekunde aus dem Leben gerissen. Das ist etwas ganz anderes, als wenn ein alter oder kranker Mensch stirbt. Von ihnen kann sich die Familie langsam lösen. Der Abschied ist absehbar. Bei einem Unfalltod hat die Familie und die Freunde diese Möglichkeit nicht. Sie werden immer wieder, wenn sie an dem Unfallort vorbeifahren, diesen Schmerz spüren. Die Blumen an diesen Kreuzen sind Blumen des Gedenkens an ihren plötzlichen Tod. Vielleicht gelten sie auch der Mahnung für vorbeifahrende Autofahrer.

Blumen als Zeichen der Verehrung

*Der vollendete Umgang mit Menschen
ist die Fähigkeit, zugleich ehrlich und
liebenswürdig zu sein.*

JEAN PAUL

Bei Blumengeschenken als Zeichen der Verehrung werden auch wieder Herren mitbedacht. Künstlern schenkt man nach ihrem Auftritt Blumen. Auch dort ist es schön, wenn die Blumen sensibel und stimmig für die Künstler ausgesucht werden. Ich erlebte einen beeindruckenden Konzertabend mit den zwölf Cellisten der Berliner Philharmonie. Das Programm war exzellent für diesen Sommerabend ausgesucht und diese weltberühmten Künstler begeisterten einfach. Am Schluss überreichte man jedem von ihnen einen einzelnen Riesenschnittlauch. Dieses wunderschöne Gewächs mit der großen, violetten Kugelblüte passte ganz einfach zu den Herren. Nur, dass eine Cellistin dabei war, hat den Veranstalter wahrscheinlich genauso überrascht wie mich, denn sie bekam die gleiche Blume. Für diese junge Frau, die sich trotz ihrer Jugend in dieses berühmte Ensemble hochgearbeitet hat, wäre eine extra Blüte passender gewesen. Auch bekommen Politiker nach gelungenen Wahlen große Blumensträuße. Da soll wohl eher die Größe des Straußes die Bedeutung der Person unterstreichen.

Nach Schulabschlüssen ist es auch ein Zeichen der Verehrung, wenn den Lehrern von ihren Schülern Blumen überreicht werden. Jahrelang hat man zusammengearbeitet, hat sich gemeinsam gefreut und geärgert. Ich kenne einige Lehrer, die vor den Prüfungen mehr Angst haben als ihre Schüler, weil sie sich mitverantwortlich fühlen, dass ihre Klassen gut abschließen.

Ebenso schenken die Seminargruppen ihren Professoren zum Abschied Blumen. Je nachdem, wie kreativ und sensibel die Studenten sind, ist in den Blumen eine kleine Anspielung auf die gemeinsame Zeit versteckt. In so vielen Jahren lernt man sich gut kennen und nicht selten stehen bei solchen Abschieden die Tränen der Rührung bei Lehrern und Schülern in den Augen. Da trifft wieder Herz auf Herz und jedes gesprochene Wort ist eigentlich zu viel. Die Blumen haben alles gesagt.

Bei Blumen, die wir Autoritäten schenken, spielt auch neben der Bewunderung oft der Dank eine Rolle. Bei Lehrern und Professoren für die jahrelange Begleitung des Bildungsweges. Bei Ärzten bedankt man sich gern für eine gelungene Operation, eine gute Beratung oder Vermittlung. Auch Trainern, die sich um die sportliche Karriere ihrer Schützlinge sorgen, werden bei Wettkämpfen oft Blumen der Dankbarkeit und der Verehrung geschenkt.

Blumen sind mehr als
nur Dekoration

Wenn wir an einem Haus vorbeigehen und Blumen am Fenster stehen sehen, wissen wir sofort: Dieses Haus ist bewohnt. Hier leben Menschen gemeinsam mit Blumen. Das kann sehr unterschiedlich sein. An den traditionellen Bauernhäusern im Süden von Deutschland bleibt man staunend vor Geranien stehen, die gleich einer Wolke bis einen Meter in die Tiefe fallen. Auf einem Berliner Hinterhofbalkon hingegen stehen Geranien und Margeriten neben einer Tomatenpflanze und einem Töpfchen Basilikum.

Aber alle Pflanzen signalisieren uns das Gleiche: Hier wohnen Menschen, die Blumen lieben, sie pflegen und daran ihre Freude haben. Ähnlich wie bei Haustieren gehören sie mit zur Familie oder sind die treuen Begleiter einsamer Menschen, die nicht selten auch mit ihnen sprechen. Dass Blumen hören können, ist ja allgemein bekannt. In seiner Vorlesung »Die Welt ist Klang« beschreibt Joachim-Ernst Behrendt Untersuchungen mit Pflanzen. In drei verschiedenen Testreihen hat man die gleichen Pflanzen mit verschiedener Musik beschallt. Diese haben gezeigt, dass Pflanzen, die dauerhaft mit lauter Rockmusik beschallt wurden, von dem Lautsprecher wegwuchsen und sogar zum Teil eingingen. Bei der Beschallung mit klassischer und indischer Musik wuchsen die Pflanzen mit bis zu 60 Grad Winkeln auf die Boxen zu und umarmten sie geradezu liebevoll mit ihren Stängeln und Blättern.

Und nicht selten hat das gute Zureden während der Pflege aus einer mickrigen Pflanze wieder ein ansehnliches Blumentöpfchen werden lassen.

Alltägliche Begleiter

Wer meine Stimme hört
und die Tür öffnet,
bei dem werde ich eintreten
und wir werden Mahl halten,
ich mit ihm und er mit mir.

OFFENBARUNG DES JOHANNES 3,20

Jeder Tisch sieht einfach schöner aus, wenn Blumen auf ihm stehen. Der Tisch ist der Altar des Hauses. Am Tisch wird Mahl gehalten. Leider wird heutzutage das Mahlhalten mehr und mehr von der eiligen Nahrungsaufnahme abgelöst. Man isst mit der Zeitung in der Hand oder in der Sofaecke, um gleichzeitig noch die Nachrichten zu hören. Im Auto, um Zeit zu sparen, gibt es mal schnell einen Döner, eben einfach »to go«, wie es heute heißt.

Für ein Mahl braucht es vor allem eines: Zeit. Mahl halten kann man auch nicht gut alleine. Jesus hat uns das vorgelebt, indem er uns seine wichtigste Botschaft beim Mahl mit seinen Freunden hinterlassen hat. Und so feiern wir sein Abendmahl bis heute mit den gleichen Worten, die uns von ihm überliefert sind. Es ist das Geheimnis unseres Glaubens geworden, aus dem wir täglich leben und Kraft schöpfen dürfen. Das gemeinsame Teilen der Nahrung schafft eine ganz besondere Atmosphäre. Mit wem ich mein Brot teile, für den fühle ich mich auch verantwortlich.

Und so gehen gerade bei einem Mahl oft die wichtigsten Gespräche über den Tisch. Man reicht sich gegenseitig die Speisen an und hört sich gegenseitig zu. Bei einem Mahl nimmt man Platz, da fühlt man sich geerdet. Für ein Mahl wird der Tisch gedeckt und Kerzen und Blumen arrangiert sein. Eine einzelne Blume und ein Teelicht können auch schon eine freundliche Atmosphäre schaffen, in der man gerne bereit ist, seine Alltagserfahrungen zu teilen. So teilen wir nicht nur das Essen miteinander, sondern auch unsere Erfahrungen, unsere Sorgen und die schönen Momente des Lebens. Dazu muss man kein Florist sein und braucht auch keine Angst zu haben, dass man für »so etwas« gar keine Zeit hat. Eine kleine Vase mit einem schlanken Hals lässt eine einzelne Blume zum Kommunikator werden.

Gefährten der Erinnerung

Weise ist der Mensch,
der den Dingen nicht nachtrauert,
die er nicht besitzt,
sondern sich der Dinge erfreut,
die er hat.

EPIKTET

Wenn ich unser Pfarrhaus mit Blumen schmücke, höre ich oft von den älteren Menschen: Ach ja, als wir noch Kinder hatten, haben wir das auch alles gemacht. Und dann beginnen sie zu erzählen, wie sie gemeinsam den Adventskranz gebunden haben, die Erntekörbe geschmückt oder den Osterstrauß mit bunten Eiern behangen haben. Jede dieser Geschichten endet ähnlich: »Heute mache ich das alles nicht mehr. Für mich allein lohnt es sich doch nicht.« Sie merken nicht, dass sie sich damit auch ein ganzes Stück Lebensfreude und Lebensqualität selbst nehmen. Gerade wenn Menschen im Alter oder durch Krankheit zurückgezogen leben, ist es eine Möglichkeit, im Gestalten der Kirchenjahreszeiten die Erinnerung zurückzu‚ holen. Oft haben diese Menschen in ihrer Isolation viel zu viel Zeit. Durch das Gestalten eines kleinen Adventsgesteckes, den Aufbau der Krippe zu Weihnachten oder das Füllen eines kleinen Körbchens mit Früchten zum Erntedankfest kann die Erinnerung, das Kinderlachen und die alten Familiengeschichten wieder ins

Haus einziehen. Das ist dann mehr als Dekoration. Es ist Kommunikation mit der Familie, auch wenn sie weit weg ist. Wenn die Gaben der Schöpfung, die uns die Natur so reichlich zur Verfügung stellt, ins Haus geholt werden und wenn wir sie ertasten, sehen und riechen können, dann wird die Erinnerung unser Herz froh machen. Wir können dankbar sein für die erlebte Zeit und die Jahre, die Gott uns noch schenken will.

Ganz ähnlich geht es auch den Singlehaushalten – übrigens auch den allein lebenden Pfarrern. Wie oft habe ich diesen Satz gehört: Für wen soll ich denn das Zimmer gestalten, es ist doch keiner da. Das hat mich immer ganz betroffen gemacht, weil ich spürte, dass diese Menschen sich selbst als Person gar nicht mehr wahrnehmen. Sie fühlen sich nur noch als ein funktionierendes Etwas im Hamsterrad der Zeit gefangen. Aber sie sind oft gar nicht traurig darüber. Sie wollen mit der Zeit gehen und der Zeitgeist flüstert: Arbeit, Karriere, Freiheit, Spaß. Dann ist es wirklich an der Zeit, dass der Schöpfungsgeist Gottes in diesen Häusern Zeichen setzt.

Orte der Stille

*Es liegt im Stillsein eine
wunderbare Macht der
Klärung, der Reinigung
und der Sammlung
auf das Wesentliche.*

DIETRICH BONHOEFFER

In jedem Haus könnte es noch einen Platz geben, der mit einer lebenden Blume geschmückt ist, das ist ein Ort der Stille. Früher gab es fast in jeder Wohnung einen Herrgottswinkel. Ja, ich spüre förmlich, wenn ich dieses Wort schreibe, wie sich bei den jüngeren Lesern die Augen verdrehen. Zugegeben, Herrgottswinkel ist ein altmodisches Wort. Da haben wir sofort eine rustikale Bauernstube mit einer Ecke voller kitschiger Bilder und Kerzen vor Augen. Altmodisch mag das Wort sein, aber ein Ort in der Wohnung, wo man sich Gott sehr nahe fühlt, ist durchaus nicht altmodisch. So ein heiliger Ort wird für jeden anders aussehen. Jeder Mensch besitzt bestimmte »Heiligtümer« und bewahrt sie irgendwo auf. Da ist vielleicht das Kreuz, das man zur Firmung bekommen hat, die eigene Taufkerze, eine Ikone, die man vom Urlaub aus Griechenland mitgebracht hat, oder ein Stein, der uns an einen Ort erinnert, an dem wir sehr glücklich waren. Vielleicht liegt das alles wohlbehütet in einer Schublade. Wenn wir aber diesen Zeichen, die uns auf unserem Lebensweg einmal sehr wichtig waren, einen Platz in unserem Leben geben, wird das ein Ort der Erinnerung sein. Ein Ort, der uns mit uns selbst immer wieder in Berührung bringt. Er wird uns nicht nur an die Vergangenheit erinnern, sondern er birgt eine Momentaufnahme des Hier und Jetzt in sich. Er erinnert uns daran, eine kurze Pause zu machen, ein Gebet zu sprechen oder einfach nur vor Gott da zu sein. Wenn wir jede Woche eine lebende Blume zur Ehre Gottes dazustellen, wird uns die Nähe des lebendigen Gottes immer wieder bewusst werden.

Festliche Botschafter

> *Durch die Weisheit des Herrn*
> *sind die Tage unterschieden,*
> *und es gibt unter ihnen*
> *Feiertage.*
>
> SIR 33,8

Über Blumenarrangements bei Festen muss man eigentlich kein Wort verlieren. Sie gehören dazu wie Teller und Besteck. Auch hier wird die Art des Festes den Blumenschmuck auf den Tischen bestimmen. Es ist ein Unterschied, ob man einen 80. Geburtstag oder eine Hochzeit feiert. Bei Jubiläen wird der gelebten Zeit gedacht, die man mit Höhen und Tiefen bewältigt hat. Dort wird der Dank an Gott und die Menschen im Vordergrund stehen, die diesen Weg mit uns gegangen sind. So wird man auch

Blumen der Erinnerung auswählen, die im Leben der Person eine bestimmte Rolle gespielt haben.

Bei Hochzeiten möchten die Brautleute gerne selber bestimmen, was für Blumen auf ihrer Tafel stehen. Nicht selten sind es zwei unterschiedliche Blumenarten oder zwei Farben. So bringt sich jeder der beiden ein und zeigt, wie auch aus ganz unterschiedlichen Blumen ein wunderbares Arrangement werden kann. Ebenso wie zwei unterschiedliche Menschen zueinander Ja sagen und mit der Hilfe Gottes ihr Leben gemeinsam verbringen wollen. Da steht nicht nur das Eine oder das Andere nebeneinander. Da wird aus beiden etwas ganz Neues, Einzigartiges. Dieses gemeinsame Leben hat es so noch nie gegeben und wird es auch nicht wieder geben. Der Schöpfungsgedanke Gottes wird in den beiden Eheleuten in diesem Moment neu erfahrbar. Das zeigt sich auch darin, dass sie meistens auch den Blumenschmuck in der Kirche gestalten oder die Blumen dafür aussuchen möchten.

Zur Verehrung Gottes

> *Das Schönste, was wir*
> *erleben können,*
> *ist das Geheimnisvolle.*
>
> ALBERT EINSTEIN

Blumen in der Kirche sind ein besonders beachtenswertes Kapitel. Die Blumen, die in unseren Kirchen stehen, wollen ebenfalls, wie schon bei Blumengeschenken für Autoritäten, Zeichen der Verehrung sein, der Verehrung Gottes. In manchen kleinen Gemeinden kann man beobachten, dass nur dann Blumen in die Kirche gestellt werden, wenn auch ein Gottesdienst stattfindet. Diese Blumen stehen dann oft hilflos und vertrocknet bis zum nächsten Gottesdienst auf dem Altar herum. Das ist traurig, denn dann werden diese Blumen nicht zur Verehrung Gottes in die Kirche gebracht, sondern nur zur Freude der Gottesdienstbesucher. Was natürlich auch völlig legitim ist, denn die Blumen tragen zur Festlichkeit des Gottesdienstes bei. Aber auch in der Zeit zwischen den Gottesdiensten ist das Haus Gottes bewohnt, und zwar von Gott selbst, dem wir alles zu verdanken haben, was unser Leben ausmacht.

Und Kirchen sind Orte der Stille, wo wir ausruhen können. An einem heißen Sommertag kam einmal ein alter Mann mit einem vollen Einkaufsbeutel in unsere Kirche. Staunend blieb er stehen und sagte: »Nun wohne ich schon so viele Jahre hier, aber ich war noch nie in dieser Kirche. Es ist so schön kühl hier, darf ich mich ein wenig ausruhen?« Er setzte sich in eine Bank und blieb. Ob er gebetet hat oder nicht – er hat geschaut. Auch im Schauen kann man dankbar sein. In unserem lauten Alltag gibt es so wenig stille Orte und die sollten wir uns als solche bewahren.

Und so können wir mit den Blumen auch unseren Dank aussprechen. So oft nehmen wir das Leben in unserem Wohlstand als selbstverständlich hin. Gute

Luft, sauberes Wasser, genügend zu essen, ein Dach über dem Kopf, das alles ist für viele Menschen auf der Welt überhaupt nicht selbstverständlich. Wenn wir einen kleinen Teil der wunderbaren Schöpfungsgaben in die Kirche bringen, können wir für das alles danken, und das nicht nur einmal im Jahr beim Erntedankfest.

Unter allen musikalischen Werken von Johann Sebastian Bach stehen die Worte: »Soli Deo Gloria«, »Gott allein die Ehre«. Das heißt nicht, dass er die Musik nicht auch zur Freude der Menschen komponiert hat. Noch heute sind Menschen auf der ganzen Welt beeindruckt und ergriffen von dieser Musik, aber geschrieben hat er sie zur Ehre Gottes.

Blumen sind in der Kirche nicht nur Dekoration, sie sind Verkündigung und Gebet. Das können wir schon daran ablesen, welche Orte in der Kirche mit Blumen bedacht werden, das ist nicht nur der Altar. Das sind ganz besondere Orte. Die Blumen wollen nicht nur unsere Aufmerksamkeit auf die heiligen Orte der Kirche lenken, sondern uns auch in das Geheimnis dieser Orte hineinführen. Dort werden sie im Laufe des Kirchenjahres immer wieder neu zu Verkündern das Festgeheimnisses. Begeben wir uns also auf die Suche nach den mystischen Orten in der Kirche.

Mystische Orte in der Kirche

Leg deine Schuhe ab;
denn der Ort, wo du stehst,
ist heiliger Boden.

Der Tabernakel

Der Tabernakel kann sich in der Kirche an verschiedenen Orten finden. In gotischen oder barocken Kirchen ist er das Zentrum des Hochaltares. Aber ebenso gibt es Kirchen, wo der Tabernakel in einer Seitenkapelle untergebracht ist, damit man sich dorthin in Stille zurückziehen und Anbetung halten kann.

Tabernakel kommt vom lateinischen Wort tabernaculum = Zelt. Der Tabernakel ist der Aufbewahrungsort für die Hostien, die in der Eucharistiefeier in den Leib Christi verwandelt worden sind. Daher ist er der Ort, an dem die Christen Anbetung halten. Sie wissen, dass dort Christus selbst in der Gestalt des Brotes mitten unter uns wohnt.

In der christlichen Tradition wird der Tabernakel zur Erfüllung der alttestamentlichen Sehnsucht nach einem konkreten Ort der Gegenwart Gottes, wie sie die Israeliten in der Bundeslade erlebten. Die Bundeslade ist für die Israeliten der Ort der Gegenwart

Gottes. In der Bundeslade sind die Gesetzestafeln mit den Zehn Geboten aufbewahrt, aber auch ein Gefäß mit Manna und der Stab des Aaron. Der Stab, mit dem Mose und Aaron die Israeliten aus ihrer Gefangenschaft geführt hatten. Zum Zeichen, dass Gott das Priestertum Aarons bestätigt, lässt Gott den Stab Aarons erblühen. Dort, wo Gott unter uns wohnt, will er auch, dass wir nach seinen Weisungen leben. Aber die Gegenwart Gottes ist immer auch Nahrung und Stärkung auf unserem Weg durch die Wüste. Und dort, wo Gott unter uns wohnt, dürfen wir vertrauen, dass auch in uns der Stab zum Blühen kommt, dass Vertrocknetes aufblüht und Erstarrtes aufbricht.

Der Tabernakel lädt zum stillen Gebet ein. Gerade in einer Zeit, in der uns Gott oft fern zu sein scheint, in der wir seine Gegenwart nicht spüren, will uns der Tabernakel das Vertrauen schenken, dass Gott mitten unter uns ist. Er hat sich nicht zurückgezogen. In Jesus Christus ist er für immer bei uns und unter uns. Er wohnt unter uns, er zeltet unter uns. Und Gottes Gegenwart in Jesus Christus ist immer eine heilende Gegenwart. So beten die Gläubigen vor dem Tabernakel in der Hoffnung, dass ihre Wunden geheilt werden.

Wer vor dem Tabernakel mit den verwandelten Hostien betet, vertraut darauf, dass auch in ihm alles verwandelt werden kann. Er hält Christus seine innere Leere hin, seine Verletzungen, seine Traurigkeit, in der Hoffnung, dass Christi Liebe alles in ihm erleuchtet und verwandelt und dass die Liebe Christi, die in seinem Tod zur Vollendung kommt, ihn ganz und gar durchdringt.

Vor dem Tabernakel brennt das ewige Licht, das anzeigt, dass Christus in diesem Tabernakel wohnt. Ein Ort, wo wir Gott auch räumlich ganz nahe sein können. In der Klosterkirche der Benediktinerinnen in Alexanderdorf befindet sich der Tabernakel an der vorderen Stirnseite der Kirche, die damals aus einer alten Scheune entstand. Außen an der gleichen Wand bezeichnen einige extra hervorgehobene und verzierte Steine die Stelle, wo sich innen der Tabernakel befindet. Oft kann man beobachten, dass Menschen, die außen an der Kirche vorbeigehen, stehen bleiben oder ihre Hand auf diese Steine legen. Sie spüren dann diese Nähe Gottes auch räumlich.

Das ewige Licht lädt zur Kniebeuge oder aber zur Anbetung ein. Das Geheimnis dieses Gottes, der zu Brot geworden ist, lässt sich für uns Menschen nicht erklären. Aber in der Stille dieses Ortes lässt sich das Geheimnis erspüren.

Deswegen darf der Tabernakel auch immer mit frischen Blumen gestaltet sein. Sie wollen, ebenso wie das ewige Licht, uns aufmerksam werden lassen, dass hier der lebendige Gott anwesend ist. Man spricht auch von »Wächter-Blumen«. Sie halten Wache an diesem heiligen Ort, auch wenn sich kein Mensch in der Kirche aufhält. Je nachdem, wo sich der Tabernakel innerhalb der Kirche befindet, wird man dafür die Blumen wählen. Ist der Tabernakel innerhalb des Hochaltares, stehen sie z. B. auf dem Altartisch neben den Türen des Tabernakels. Wenn der Tabernakel in einer Seitenkapelle oder einem anderen ausgewählten Ort zu finden ist, lassen sich Blumen auch gut in einer Schale auf dem Boden arrangieren oder in einer größeren Vase.

Die Blumen werden der liturgischen Farbe des Kirchenjahres angepasst, über die wir im nächsten Kapitel noch reden werden. Die Gestaltung gibt den Charakter des Festes wieder oder eben auch die Schlichtheit der festfreien Zeit. Es ist schön, wenn an diesem Ort besonders einheimische Blumen zum Einsatz kommen. Gott hat sein Zelt hier unter uns aufgeschlagen, dort, wo wir zu Hause sind. Eine »Wächter-Blume« kann auch ausnahmsweise aus einer blühenden Topfpflanze bestehen, wenn sie in einer Schale gut arrangiert wird. Sie betont dann die Anwesenheit des lebendigen Gottes. Im Gegensatz zu Blumen auf dem Altar, welche grundsätzlich aus Schnittblumen bestehen sollten. Denn an dieser Stelle dienen sie dazu, den Opfercharakter der Eucharistie zu unterstützen.

Der Tabernakel entstand ursprünglich aus dem Bedürfnis, Kranken die Kommunion zu spenden oder außerhalb der Eucharistiefeier die Kommunion zu verteilen. Doch im Mittelalter bekam er eine neue Bedeutung. Er ist der Ort, an dem die Christen das Geheimnis der Eucharistie auch außerhalb der Feier betrachten können. Der Tabernakel erfüllt die Sehnsucht der Gläubigen nach einer Mystik des Schauens. Indem ich auf Christus im Tabernakel schaue, werde ich in sein Bild verwandelt, so wie es Paulus im 2. Korintherbrief ausgedrückt hat: »Wir alle aber schauen mit unverhülltem Angesicht die Herrlichkeit des Herrn und werden in das gleiche Bild verwandelt von Herrlichkeit zu Herrlichkeit durch den Geist des Herrn« (2 Kor 3,18).

In diesem Schauen können die Blumen nicht nur unser Herz erfreuen, sondern sie wollen Wegweiser sein in eine neue Dimension des inneren Schauens. So können wir in so bewusst arrangierten Blumen nicht nur uns selbst wiederfinden, sondern uns auch in Raum und Zeit des Kirchenjahres hineinbegeben.

Der Altar

In allen Religionen gibt es Altäre. Das Wort »altaria« meint ursprünglich die Stätte, an der Brandopfer dargebracht wurden. Das Wort wird auch mit »altus = hoch« in Verbindung gebracht. Daher gibt es oft erhöhte Anlagen für den Altar. Der erhöhte Altar ist jedoch auch ein Bild dafür, dass die Opfergaben erhöht zu Gott emporgehoben und in Gott hineingehalten werden. Manchmal wurde die Symbolik des Berges mit dem Altar verbunden. Der Altar ist der Ort der Gegenwart Gottes und so ein spirituelles Zentrum der Welt. Er ist auch ein heiliger Ort und somit ein Schutzraum für Menschen, die verfolgt wurden. Wer den Altar berührte, durfte nicht von der staatlichen Gewalt ergriffen werden. Auch das Judentum kennt den Altar im Tempel, an dem Brandopfer dargebracht wurden. Es kennt aber auch den Räucheraltar, an dem Rauchopfer zum Himmel aufstiegen.

Die frühe Kirche hat am Anfang den Altar als Tisch verstanden. An diesem Tisch wurde das eucharistische Mahl gefeiert. Es war anfangs ein Tragaltar, der mit weißen Tüchern verhüllt wurde. Aber dieser Tragaltar wurde nur für die Eucharistie verwendet. Es war also ein heiliger Tisch. Mit der Zeit wandelten sich dann das Verständnis und auch die Form des Altars. Der tragbare Holzaltar wurde durch feste Steinaltäre ersetzt. Damit wurden auch die archetypischen Bilder des Altars, wie sie in der Antike Geltung hatten, auf den christlichen Altar übertragen. Der Altar war der Ort der Gegenwart Jesu Christi. Und er wurde zum Symbol für Christus, der sich am Altar des Kreuzes für uns hingegeben hat.

Im Hochmittelalter wurde die Gegenwart Jesu nicht nur in den eucharistischen Gaben verehrt. Man begann, Altarbilder, sogenannte Retabeln, auf den Altar zu stellen. Man wollte im Bild das Geheimnis der Erlösung darstellen, die in der Eucharistiefeier unter den Gestalten von Brot und Wein gefeiert wurde. Im Spätmittelalter stellte man dann auch den Tabernakel auf den Altar.

Bis zum 2. Vatikanischen Konzil, welches 1965 zu Ende gegangen ist, wurde die Eucharistie ausschließlich per crucem, d. h. zum Kreuz hingewendet, gefeiert. Der Priester stand also mit dem Rücken zur Gemeinde. Das Konzil hat neben dem Opfercharakter der Eucharistie auch wieder den Charakter des gemeinsamen Mahles hervorgehoben. So wurde, wie schon in der frühen Kirche, der Tischaltar das Zentrum des Gottesdienstes. Da der Priester nun hinter dem Altar stand, war für die Gemeinde der Blick auf den Altar hin frei geworden und für den Priester der Blickkontakt zur Gemeinde gegeben.

Diese liturgische Bewegung hat wieder die eigene Bedeutung des Altars betont und den Tabernakel an andere Orte in der Kirche gestellt. Die Kerzen und Blumen, die man ab dem Spätmittelalter auf den Altar stellte, verweisen auf profane Tischsitten. Denn bei einem feierlichen Mahl stellen wir auch Blumen und Kerzen auf den Tisch. Die Eucharistie ist ein feierliches Mahl. Wir feiern das Mahl, zu dem Christus uns geladen hat. Und diese Feierlichkeit soll durch die Kerzen und den Blumenschmuck zum Ausdruck kommen.

Ob die Blumen auf dem Altar oder vor dem Altar arrangiert werden – sie wollen immer zum Geschehen auf dem Altar hinführen, sie dürfen es keinesfalls verdecken. Das kann leicht passieren, wenn gerade an hohen Festtagen die Blumenarrangements etwas großzügiger ausfallen. Deshalb eignen sich für den Tischaltar besser Schalen als Vasen, weil so die Blumen niedriger gehalten werden können und der Blick auf den Altar frei bleibt. Wie schon gesagt, wählen wir für die Gestaltung ausschließlich Schnittblumen. Indem sie ihr Leben opfern, weisen sie auf das Geheimnis des Opfertodes Christi hin, den wir in jeder Eucharistiefeier begehen. Durch seinen Tod und seine Auferstehung ist er in der Gestalt des Brotes allezeit bei uns, wie er es seinen Jüngern beim letzten Abendmahl versprochen hat. Wenn Blumen vom Altar her sprechen, wollen sie dieses festliche Mahl mit Jesus ausschmücken.

Grundsätzlich gilt es auch hier wieder, der Natur ihre Töne abzulauschen. Blumen, die der Jahreszeit entsprechen, orten auch uns in das Hier und Heute ein. Obwohl die Blumenläden auch im Winter das ganze Sortiment des Jahres bereithalten, sollten wir uns dennoch bewusst machen, dass es trotzdem in unserer Region Winter wird. Kahle Zweige, Moos und Efeu können durchaus eine gelungene Grundlage für ein Gesteck sein. Wenn dann noch einige wenige winterliche Blumen dazukommen, sprechen sie sich auch in unserer eigenen Stimmung aus und die Zusammenstellung wird stimmig. Außerdem können wir, gerade auch im Winter, auf die Exoten zurückgreifen. Weiße Anthurien oder Callas machen uns auch deutlich, dass gerade in unserer Natur jetzt nicht viel wächst. Das Weiß passt auch gut zur winterlichen Zeit. Auch hier am Altar ist Farbe und die Gestaltung der Blumen von der jeweiligen Zeit des Kirchenjahrs bestimmt.

Der Marienaltar

Der Marienaltar dient nicht in erster Linie der Feier der Eucharistie. Früher feierte man am Marienaltar öfter die Trauung eines Ehepaares. Heute wird nur noch an bestimmten Festtagen dort die Eucharistie gefeiert. Der Marienaltar dient der Verehrung Mariens. Der Altar ist nur der Aufbau für das Bild oder die Statue Marias. Oft steht vor dem Marienaltar ein Leuchter, auf den die Gläubigen eine Kerze oder ein Teelicht anzünden und aufstellen können. Der Marienaltar ist für viele Gläubige ein Ort, an dem sie Maria um Fürbitte anrufen für ihre persönlichen Probleme, für kranke Familienmitglieder, für eine bevorstehende Operation oder Prüfung. Maria ist keine Göttin, die man um Hilfe bittet. Sie ist eine Frau. Aber als Mutter Gottes spiegelt sie den mütterlichen Aspekt Gottes wider. Wenn Menschen sich an Maria wenden, dann fühlen sie sich von Gott wie von einer Mutter verstanden.

Die Marienbilder, die die Kunst seit dem Mittelalter geschaffen hat, spiegeln eine eigene Theologie Marias wider. Da wird Maria als die Königin dargestellt, damit wir in ihr unsere eigene königliche Würde entdecken. Sie wird als die Madonna, als die schöne Frau gemalt, damit wir in ihr unsere eigene Schönheit wiederfinden. Sie ist die Mutter, die ihr Kind liebevoll auf dem Arm hält. Dieses Bild will uns vermitteln, dass Gott uns liebevoll umarmt, dass wir beim mütterlichen Gott Geborgenheit und Heimat finden. Eine beliebte Weise, Maria mit dem Kind darzustellen, ist das »Mariahilfbild«, das zuerst in Innsbruck entstanden ist und dann weite Kreise gezogen hat. Es antwortet auf die Sehnsucht des Menschen, in allen Nöten bei Gott Hilfe zu finden.

Ein anderes Bild ist Maria als kontemplative Frau. Beliebt ist die Darstellung der Verkündigung. Ein Engel kommt zu Maria, die meistens in der Bibel liest, die also den Frauen Mut macht, selbst zu lesen und sich zu bilden. Der Engel bringt Maria die Botschaft, dass sie ein Kind gebären wird, das man Sohn des Höchsten nennen wird. Der Gruß, den der Engel an Maria richtet, gilt auch uns. Auch wir sind von Gott gegrüßt und von Gott begnadet, geliebt. Wir stehen wie Maria unter der Gnade Gottes und unter seinem Segen. Auch in uns will Gott seine Frucht bringen.

Am Marienaltar in der Abteikirche von Münsterschwarzach haben wir das Wort in den Steinaltar gemeißelt: »Et verbum caro factum est = Und das Wort ist Fleisch geworden«. Der Marienaltar verweist uns auf das Geheimnis der Menschwerdung Gottes. Gott ist Mensch geworden durch eine Frau. Er wurde als Kind von einer Mutter geboren. Diese Tatsache verwandelt unser Gottesbild. Es bringt menschliche, zärtliche, mütterliche Züge in unser Gottesbild. So ist der Marienaltar für viele Gläubige ein Ort der Zuflucht, ein Ort, an dem sie sich geborgen und angenommen fühlen. Für viele ist es auch ein heilsamer Ort. Eine Frau, die eine schwere Kindheit hatte, ging mit vier oder fünf Jahren immer allein in die Kirche und setzte sich vor den Marienaltar. Da fand sie eine mütterliche Atmosphäre von Liebe und Geborgenheit, die sie daheim vermisste. Das war heilsam für sie. So braucht der Marienaltar einen Blumenschmuck, der das Zärtliche und Mütterliche zum Ausdruck bringt.

Die Blumen am Marienaltar kann man zuerst als Geschenk sehen, als Blumengruß, den wir einer Frau überreichen. Jeder von uns wird Maria mit anderen Augen sehen. Für einen ist sie als Gottesmutter ein Mutterbild, das tröstet und bei dem man sich geborgen und verstanden fühlen kann. Andere sehen in ihr die Freundin oder die Schwester auf dem Weg zu Gott. Wieder andere bewundern die mutige Frau, die die Konventionen ihrer Zeit durchbricht und auf Gottes Wort hin das Unmögliche glaubt. Oft wird sie auch als Königin dargestellt, als Mutter des Christus des Königs. Das vermittelt den Eindruck einer starken Frau, die nicht nur Ansehen, sondern auch Macht hat. So kann jeder Maria auf seiner ganz persönlichen Wellenlänge begegnen, die in bestimmten Situationen auch schon mal wechseln kann. Und da ja Blumengeschenke besonders an Frauen verschenkt werden, wundert es uns nicht, dass Marienaltäre oder Figuren von jeher mit Blumen bedacht wurden.

In der Antike wurde Blumen eine bestimmte Bedeutung zugesagt. Im Mittelalter kam dazu oft eine christliche Bedeutung. Oft gibt es für die Entstehung dieser Symbollehre eine Legende oder die Natur hat einen unmittelbaren Zusammenhang geliefert. So gibt es viele Blumen, die in ihrer Symbolkraft für Maria stehen. Zum Beispiel erzählt eine alte Sage, dass die Kornblume mit ihrem unglaublichen Blau nur dem Himmel selbst entstammen kann. So wurde sie das Symbol der Himmelskönigin. Oder die berühmte »Rose ohne Dornen«, die Pfingstrose, wurde eine der wichtigsten Blumen des Marienkultes. Mit den roten Blüten waren sie Sinnbild der brennenden Liebe zu Gott. Da ihre Blütezeit in den Mai, einen der Marienmonate, fällt, sind sie bis heute zu Ehren der Gottesmutter ein oft verwendeter Altarschmuck.

Auch hier gilt, dass die Marienfeste und die Kirchenjahreszeiten ausschlaggebend für die Gestaltung des Marienaltares sind, manchmal sogar die Bedeutung der Blumen. Zum Beispiel symbolisiert eine Schwertlilie die biblische Botschaft, dass Maria ein Schwert durch die Seele dringen wird (Lk 2,35) .Ihre spitzen Blätter machen das besonders deutlich. Neben einer Pieta, der Darstellung Marias mit ihren toten Sohn auf dem Schoß, spricht die Blume das Leid Marias im biblischen Geschehen aus.

Wenn wir eine Kirche betreten, in welcher der Marienaltar besonders festlich geschmückt ist, dann zeigt uns das mit Sicherheit ein Marienfest an. Einige Marienfeste sind nicht mehr so populär, sodass sie langsam in Vergessenheit geraten. Die Blumen übernehmen hier die Aufgabe, uns zu erinnern. Wenn wir uns dann in unsere Kindheit zurückversetzen, werden uns vielleicht wieder Rituale, Andachten und Marienlob lebendig werden. Traditionen, wo wir als Kinder selbst Blumen für den Marienaltar gepflückt haben, um Maria zu ehren. Es war auch immer ein guter Brauch, dass von den Geburtstagsblumen der Familienmitglieder ein Strauß zum Marienaltar gebracht wurde.

Die Osterkerze

Die große Stunde der Osterkerze ist die Osternacht. Die Osterkerze wird am Osterfeuer entzündet und mit dem Zeichen des Kreuzes bezeichnet. Dazu sagt der Priester: »Christus gestern und heute, Anfang und Ende, Alpha und Omega. Sein sind die Zeit und die Ewigkeit.« Schon dort spürt man, dass es mit dieser großen Kerze etwas Besonderes auf sich hat. Wenn sie dann mit dem Ruf »Lumen Christi«, »Christus das Licht«, in die dunkle Kirche getragen wird und diese einzige Flamme Licht in das Dunkel der Kirche bringt, dann spürt man, dass das, was in dieser Osternacht geschieht, etwas ganz Neues ist. Ein nie da gewesener Anfang.

In der Osternacht singt der Diakon im Exsultet das Lob der Osterkerze. Die Osterkerze erinnert uns an das Geheimnis der Auferstehung Jesu Christi, die alles Dunkel aus unserem Leben vertrieben hat. Die Osterkerze steht für die leuchtende Säule, in der Gott dem Volk Israel beim Auszug aus Ägypten vorangegangen ist. Das »Exsultet«, das Osterlob, preist nicht nur das Geheimnis der Auferstehung, sondern am Schluss auch das Geheimnis der Osterkerze: »Geweiht zum Ruhm deines Namens, leuchte die Kerze fort, um in dieser Nacht das Dunkel zu vertreiben. Nimm sie an als lieblich duftendes Opfer, vermähle ihr Licht mit den Lichtern am Himmel. Sie leuchte, bis der Morgenstern erscheint, jener wahre Morgenstern, der in Ewigkeit nicht untergeht: dein Sohn, unser Herr Jesus Christus, der von den Toten erstand, der den Menschen erstrahlt im österlichen Licht.«

Die Osterkerze ist also ein bleibendes Symbol in der Kirche, das uns auf den wahren Morgenstern, Jesus Christus, verweist. Dieser Morgenstern möge auch in unserer Seele alles Dunkel vertreiben. Der zweite Petrusbrief vergleicht das Wort der Propheten, das in der Auferstehung Jesu in Erfüllung gegangen ist, mit einem Licht, »das an einem finsteren Ort scheint, bis der Tag anbricht und der Morgenstern aufgeht in eurem Herzen« (2 Petr 1,19). Das ist ein schönes Bild für die Osterkerze. Sie verheißt uns, dass mitten in der Finsternis, in der wir uns manchmal befinden, das Licht der Osterkerze aufleuchtet und alle Dunkelheit in uns vertreiben wird, bis Christus als das wahre Licht für immer in unserem Herzen aufgeht.

In der Osterzeit hat die Osterkerze auf einem eigenen Leuchter ihren besonderen Platz in der Kirche. In den fünfzig Tagen der Osterzeit wird die Osterkerze dann auch besonders mit einem Blumenring gestaltet. Das Grün der Osterzeit ist oft Buchsbaum oder Myrthe.

Die klassischen Osterfarben Weiß und Gelb spiegeln sich auch in den Blumen wieder. Weiß ist die liturgische Farbe des Festes und Gelb symbolisiert Christus, die Sonne unseres Heils, die am Ostermorgen das ganze Leben durchstrahlt. Ostern liegt im Frühling. Auch die Natur feiert Auferstehung aus der Starre des Winters. Alle Frühblüher, Osterglocken, Narzissen, Tulpen, dürfen sich zum Lob Gottes im Reigen um die Osterkerze scharen. Und eigentlich gehört in den weiß-gelben Kranz auch noch ein zartes Lila, vielleicht von Fresien. Das Lila ist das aufgehellte Violett und erinnert noch einmal an den Karfreitag. Durch den Tod Jesu Christi hat er uns erlöst von unserer Schuld. Im »Exsultet« (Osterlob) heißt es: »O glückliche Schuld, welch großen Erlöser hast du gefunden.« Es macht uns in dem ganzen Osterjubel noch einmal deutlich, dass es ohne Karfreitag kein Ostern geben kann.

In vielen Kirchen wird die Osterkerze auch nach der Osterzeit noch an einem besonderen Ort aufbewahrt, allerdings ohne Blumen. Sie wird dann nur noch bei einzelnen Gelegenheiten angezündet. Wenn z. B. eine Taufe gefeiert wird, zündet man an der brennenden Osterkerze die Taufkerze an. Auch die Hochzeitskerze zündet man gerne an der Osterkerze an. Die Osterkerze verweist auf das Licht, das stärker ist als die Dunkelheit des Todes, auf die Liebe, die stärker ist als der Tod. Wenn die Taufkerze, die an der Osterkerze entzündet worden ist, dem Kind gegeben wird, dann ist sie eine Verheißung, dass das Kind Licht bringt in diese Welt, dass das Licht der Auferstehung in diesem Kind aufleuchtet. Und die Brautkerze ist ein Zeichen dafür, dass die Liebe stärker ist als der Tod, dass die Liebe zwischen Braut und Bräutigam auch durch den Tod nicht aufgelöst werden kann.

Bei der Feier eines Requiems wird ebenso die Osterkerze wieder in den Mittelpunkt gestellt.

Christus, der den Tod überwunden hat, wird auch den Verstorbenen zum ewigen Leben auferwecken. Bei diesen persönlichen Anlässen schmückt man auch die Osterkerze, und zwar passend zum Anlass. Die Familien können dann auch Wünsche äußern, sodass man die Lieblingsblumen der Verstorbenen aussucht oder die Osterkerze passend zum Brautstrauß schmückt.

Der Taufbrunnen

Schon in der frühen Kirche spielen die Taufbrunnen eine wichtige Rolle. Die Taufe war die Initiation in das Christsein. In der frühen Kirche wurde der Täufling ganz im Wasser untergetaucht und dann mit einem weißen Gewand neu eingekleidet. Da wurde deutlich, dass der Christ seine Identität verwandelt hat: Er definiert sich nicht mehr von der Welt. Er ist mit Christus gestorben und im Wasser gleichsam begraben worden. Dadurch ist er eine neue Schöpfung geworden. Damit diese Symbolik erfahrbar wurde, baute man in der frühen Kirche Taufbecken, die man »piscina« nannte. Sie waren oft drei Meter im Durchschnitt und einen Meter tief. So konnte man den Täufling ganz untertauchen. Ab dem 6. Jahrhundert entstehen dann Taufbrunnen, die auf dem Boden stehen. Die Taufbrunnen wurden im Laufe der Kirchengeschichte immer kunstvoller ausgestaltet. Oft wurden Szenen aus dem Alten Testament, die man als Symbole der Taufe verstand, auf einem Reliefband dargestellt.

Die frühe Kirche hat die Taufe in all den Texten des Alten Testaments wiedergefunden, in denen vom Bad oder vom Wasser die Rede ist. Die Taufe ist die Arche Noah, die uns rettet aus den Fluten des Verderbens. Die Taufe ist wie das Rote Meer, durch das wir in die Freiheit ziehen. Die Taufe ist das Bad, das uns reinigt von Sünden und von allem, was unser wahres Wesen verstellt. So haben die Künstler des Mittelalters den Taufbrunnen oft mit biblischen Bildern geschmückt. Nicht fehlen durfte dabei der Brunnen, an dem Jesus mit der Samariterin über das lebendige Wasser spricht, das in uns strömt. Auch die Öffnung der Seite Jesu am Kreuz, aus der dann Blut und Wasser strömen, ist ein Bild für die Taufe. Da werden wir reingewaschen. Da empfangen wir die Liebe, die aus dem Herzen Jesu zu uns strömt. Wir werden mit Jesu Geist durchdrungen. Und wir werden mit Christi Gewand angezogen. Für die Kirchenväter war der Taufbrunnen ein Bild für den jungfräulichen Schoß der Kirche, aus dem immer neue Kinder Gottes geboren werden, die vom Geist Jesu erfüllt sind und diese Welt in seinem Geiste prägen. In den Texten der Kirchenväter spürt man noch die Faszination, die vom Taufbrunnen ausgegangen ist. Er ist der Ort, an dem die Menschen erleuchtet werden. Daher nennen die Kirchenväter die Taufe »photismos« = Erleuchtung. Wer aus dem Wasserbecken aufsteigt, mit Öl gesalbt und mit einem weißen Gewand angezogen wird, der ist ein neuer Mensch. Er spiegelt das Licht Christi in dieser Welt wider.

Ebenso wie die Osterkerze hat auch der Taufbrunnen in der Osternacht einen bedeutenden Platz. Nach der Verkündigung der Osterbotschaft wird in einem eigenen Ritual das Taufwasser geweiht. Schon im Anfang der Schöpfung schwebte der Geist Gottes über dem Wasser und schenkte ihm die Kraft, Leben hervorzubringen. Die Osterkerze wird in das Wasser gesenkt und dadurch entsteht ein sichtbares Zeichen der Einheit von Licht und Wasser, der Ursymbole von allem Leben. Der Priester spricht die Worte: »Durch deinen geliebten Sohn steige herab in dieses Wasser die Kraft des Heiligen Geistes, damit alle, die durch die Taufe mit Christus begraben sind in seinem Tod, durch die Taufe mit Christus auferstehen zum ewigen Leben.« Dem Zeichen von Licht und Wasser, dem Ursprung allen Lebens, wird hier eine neue, noch größere Dimension verliehen – das Leben mit Christus, das ewige Leben. Für die Taufwasserweihe in der Osternacht oder auch zu einer Taufe wird der Taufbrunnen festlich mit Blumen geschmückt. Zunächst mit immergrünen Zweigen, Buchsbaum oder Myrte. Die Myrte ist in der Symbolik der Blumen auch immer ein Zeichen der Liebe über den Tod hinaus und grün ist die Farbe des Lebens. Dazu können, ähnlich wie bei der Osterkerze, Frühblüher in den österlichen Farben das neue Leben deutlich werden lassen oder bei einer Taufe Blumen aus der jeweiligen Jahreszeit.

Wasser und Steine, Muschel und Wurzel

In einem Buch, in dem es um die Sprache der Blumen geht, über Wasser nachzudenken, wird niemanden verwundern. In diesem Zusammenhang auch der Bedeutung von Wurzeln ein Geheimnis abzulauschen, kann man nachvollziehen. Jede kleine Pflanze braucht erst einmal Wurzeln, damit sie sich zu einer schönen Blume entwickeln kann. Aber wie passen Stein und Muschel dazu? »Eine Blume ist schöner gekleidet als Salomo in all seiner Pracht«, haben wir schon aus dem Matthäusevangelium zitiert. Wenn wir fertig angekleidet vor dem Spiegel stehen, fehlt uns manchmal ein Accessoire. Dann kommt es auf den Anlass an, ob wir ein Tuch, ein Schmuckstück oder eine bestimmte Tasche auswählen, um unserm Aussehen eine persönliche Note zu geben. Steine und Muscheln sind solche Accessoires, die den Blumen eine persönliche Note zu einem bestimmten Anlass verleihen. Dann sprechen sie ganz in unsere Situation hinein und wir dürfen lauschen.

Wasser

Die kleinste Bewegung ist für die Natur
von Bedeutung;
das ganze Meer verändert sich,
wenn ein Stein hineingeworfen wird.

BLAISE PASCAL

Das Wasser ist das Urelement, ohne das kein Leben möglich ist. Es ruht in der Tiefe der Erde und gleichzeitig in der Höhe des Himmels, in den Wolken. Der immerwährende Kreislauf des Wassers ermöglicht uns das Leben. Wasser ist Leben und Wasser ist wie das Leben. In einem Tautropfen ist es so zart und still, dass wir es kaum bemerken. Wenn wir über das unendliche Meer schauen, ergreift uns die Schönheit und Weite des Wassers und weckt die Sehnsucht nach Weite und Freiheit in uns. Am Fuße eines Wasserfalls sind wir beeindruckt von der Kraft der Wassermassen, die Tag für Tag hinunterstürzen und mit unglaublicher Schnelligkeit ihren Weg in das Tal finden. Wasser ist auch Bewegung, die Dynamik des Lebens. Und dort finden wir wieder alle Gegensätze vereint. Da kommen uns Bilder einer sprudelnden Quelle und eines träge dahinfließenden Flusses. Oder wir denken an einen munter daherfließenden Bergbach und an die fast regungslose Wasserfläche auf einem kleinen See.

Wie sehr alle Lebewesen vom Wasser abhängig sind, erzählen uns auch die alten Mythen und Märchen. Im Märchen von der Regentrude von Theodor Storm wird erzählt, dass die Regentrude eingeschlafen ist, weil die Menschen ihr nicht mehr ihre Dankbarkeit gezeigt haben. Die Menschen hatten sie immer besucht, um ihr mit einigen Feldfrüchten für den Regen zu danken. Als die Menschen nicht mehr zu ihr kamen, ist sie vor langer Weile eingeschlafen und das ganze Land wurde von einer schrecklichen Dürre heimgesucht. Da brauchte es ein tapferes Mädchen, das sich auf den Weg macht, um unter vielen Gefahren die Regentrude zu wecken.

Im Märchen vom Wasser des Lebens haben die drei Königssöhne ebenfalls viele Proben zu bestehen, um an das Wasser zu gelangen, was den Vater heilen kann. Der Weg wird aber nur dem Prinzen gewiesen, der nicht hochmütig ist und aufmerksam und hilfsbereit gegenüber seinen Mitmenschen. Bei dem Märchen von Frau Holle trennt das Wasser des Brunnens die diesseitige von der jenseitigen Welt. Und wieder wird die aufmerksame und hilfsbereite Marie belohnt. Die vielen Geschichten um das Wasser sollen uns Menschen wohl daran erinnern, immer achtsam mit dem Wasser umzugehen.

Heute gehen wir oft gedankenlos mit dem Wasser um, weil wir denken, dass wir genug davon haben. Es bekommt erst unsere Aufmerksamkeit, wenn es in der Hitze des Sommers einmal knapp wird. Wasser ist erfrischend, belebend, reinigend. Wenn man nach einem heißen Sommertag unter der Dusche steht, fühlt man sich hinterher wie neu geboren.

Dem Wasser in seiner reinsten Form begegnen wir in der Taufe. Da werden wir wirklich neu geboren. In der Taufe kommen wir in Berührung mit der wahren Quelle des Lebens, mit dem Geist Gottes. Er ist die Quelle, aus der wir immer neu schöpfen können und die niemals versiegt. Sie gibt uns unsere Kreativität und inspiriert uns zu immer neuen Ideen. Aus ihr kommt alle Kraft für unsere Arbeit und sie hält uns lebendig und gibt uns die Freude am Leben.

Wasser ist in allen Religionen ein uraltes Symbol. Viele Schöpfungsmythen gehen davon aus, dass das Wasser der Uranfang allen Seienden ist. Aus dem Wasser entsteht alles. Die Bibel sagt, dass am Anfang Gottes Geist über dem Wasser schwebte (Gen 1,2). Und Gott schied das Trockene vom Wasser, sodass die Erde entstand. Sie braucht aber das Wasser, um Früchte hervorzubringen. Wasser hat eine reinigende Kraft. In vielen Religionen gibt es Reinigungsriten. Das Christentum hat die Sehnsüchte, die in all diesen Reinigungsriten liegen, im Sakrament der Taufe aufgegriffen. Gott reinigt uns nicht nur von der Sünde, sondern von allen Trübungen, die das reine und unverfälschte Bild Gottes in uns trüben. Ein Bild für die reinigende Kraft des Wassers ist die Quelle, aus der reines und klares Wasser emporquillt. Jesus selbst hat sich mit dem lebendigen Wasser identifiziert. Er gibt uns den Geist, der in uns zur Quelle lebendigen Wassers wird und uns ewiges Leben schenkt (vgl. Joh 4,14).

Aber das Wasser kann auch eine zerstörerische Kraft haben. Die Bibel erzählt uns die Geschichte von der Sintflut. Im Wasser ertrinken alle Menschen und Tiere. Nur die Arche Noah wird mit Menschen und Tieren gerettet. Die frühe Kirche hat die Taufe auch mit diesem Bild in Verbindung gebracht. In der Taufe werden wir errettet von der zerstörenden Flut dieser Welt. Wir werden in die Arche Noah aufgenommen, die uns durch die stürmischen Wellen des Lebens sicher hindurchführt.

In der Psychologie ist das Wasser ein Symbol des Unbewussten. Das Unbewusste ist für C. G. Jung ein Lebensquell. Aber es kann uns auch überschwemmen. Dann reißt sie unser bewusstes Denken und Handeln mit in den Strudel des Unbewussten und wir lassen uns nur von unbewussten Strömungen bestimmen. Das süße Wasser stillt unseren Durst. Aber es kann auch zum Bitterwasser werden. Beim Auszug aus Ägypten kommen die Israeliten nach Mara, wo sie nur Bitterwasser vorfinden. Mose muss seinen Stab hineinwerfen, damit das bittere Wasser zum trinkbaren Wasser wird. Für die Kirchenväter ist das ein Bild dafür, dass Christus unsere Bitterkeit durch sein Kreuz in Süßigkeit verwandelt hat. Aus seinem Herzen strömen Blut und Wasser hervor, Wasser, das uns befruchtet und segnet, und Blut, das uns mit Liebe erfüllt. Blut und Wasser werden zum Symbol für den Heiligen Geist, der uns belebt und zur Liebe befähigt.

Genau wie alle Lebewesen brauchen die Blumen das Wasser. Auch der schönste Blumenstrauß wird in einer Vase ohne Wasser sehr bald ganz traurig aussehen. Wenn hingegen Blumen frisches Wasser haben, werden sie uns ihr schönstes Lächeln schenken und sich mit neuen Blüten oder langer Haltbarkeit bei uns bedanken.

Blumen, die in einer flachen Schale arrangiert sind, geben den Blick frei auf das Wasser. In einer Glasschale sieht man es ganz besonders gut. Bei dieser Arbeit muss man zwangsläufig ganz behutsam mit dem Wasser umgehen und es wird uns daran erinnern, wie wertvoll dieses lebenspendende Element ist. Wenn man dann noch einen schönen Stein mit in das Wasser legt, sieht das nicht nur apart aus, sondern bringt vielleicht auch für uns einen »Stein« ins Rollen.

Steine

> *Ich starre auf die Steine,*
> *die mir andere in den Weg*
> *gelegt haben, und ich stolpere*
> *über den Stein, den ich mir*
> *selbst in den Weg lege.*
>
> PETRUS CEELEN

»Ich habe die Angewohnheit, dass ich an einem Ort, wo es für mich sehr schön war oder der eine bestimmte Bedeutung für mich gewonnen hat, einen Stein aufhebe und mitnehme. Im Laufe der Jahre hat sich eine ganz beachtliche Anzahl von diesen Steinen auf unseren Fensterbrettern versammelt. Eines Tages kam meine Mutter zu Besuch. Sie wollte mir immer gern im Haushalt helfen und überraschte mich damit, dass sie alle Fenster geputzt hatte. Als ich nach Hause kam, sah ich nicht als Erstes die frisch geputzten Fenster, sondern die sauber abgewischten Fensterbretter – ohne Steine. Ich bekam fast einen Schock. ›Wo sind die Steine?‹, war meine erste Frage. ›Ach die Staubfänger habe ich alle dort in einen Eimer getan‹, war die Antwort. Gott sei Dank, dachte ich, das ist noch einmal gut gegangen. Diese Steine waren für meine Mutter nur lästige Staubfänger. Wenn ich auch nicht mehr von jedem Stein weiß, wo ich ihn aufgelesen habe, so sind doch alle Zeugen glücklicher Momente in meinem Leben.«

Gut ist es, einen solchen Stein auch in eine Blumenschale zu legen. Er bringt das Wasser in Bewegung und erinnert uns an bewegende Momente. Aber Steine erzählen noch mehr, denn nicht alle Steine sind schöne runde Kiesel, die durch das Wasser so sanft geformt werden. Da liegen uns Steine im Weg – Steine, über die man stolpern kann, die uns das Leben schwer machen. Oder es gibt steinige Wege, die man gehen muss, um ein bestimmtes Ziel zu erreichen. An Steinen kann man sich verletzen oder wir sind es selbst, die anderen Steine in den Weg legen. Wir sagen auch: »Mir fällt ein Stein vom Herzen«, wenn sich eine böse Ahnung nicht erfüllt oder sich ein Problem gut gelöst hat.

Der Stein spielt in den Mythen der Völker eine wichtige Rolle. Manche Völker meinen, die Steine seien vom Himmel gefallen. In ihnen verbindet sich daher Himmel und Erde. Andere Völker betonen das Harte und Unveränderliche im Stein. So wird der Stein ein Bild für ewige, unveränderliche, göttliche Mächte. Obwohl die Steine hart und unveränderlich sind, werden sie oft als lebenspendend angesehen. Im griechischen Mythos entstehen die Menschen nach der Sintflut aus Steinen. Den Toten hat man Grabsteine gewidmet, die die Verstorbenen vor feindlichen Mächten schützen sollten. Und manche Völker sehen in den Grabsteinen den Ort, an dem die Kraft und die Seele des Verstorbenen weiterleben und weiterwirken.

Der Satan fordert Jesus in der Versuchungsgeschichte auf, aus Steinen Brot werden zu lassen (Mt 4,3). Hier geht es nicht nur darum, dass der Mensch immer genügend zu essen hat. Vielmehr sind die Steine in der Antike immer auch heilige Steine, also Steine, die dem Zugriff des Menschen entzogen sind. Die Versuchung besteht nicht nur in der Gier, die Jesus überwindet, indem er auf das Wort Gottes verweist, das uns wahrhaft nährt. Die Versuchung besteht vielmehr auch darin, dass wir alles Heilige konsumieren wollen. Wir wollen das Heilige, das unserem Zugriff entzogen ist, auflösen. Alles soll uns dienstbar sein. Wir wollen über alles verfügen, auch über das Unverfügbare des Heiligen. Daher erinnert der Stein uns immer auch an das Heilige, das wir nicht benutzen können, sondern einfach sein lassen als etwas Heiliges und Heilendes.

Aber es gibt auch Steine, die sich wie eine Mauer vor uns auftürmen und wo wir ratlos dastehen, weil wir nicht wissen, wie wir sie bewältigen werden. In so einer Situation befand sich wohl auch Jesus, als er in dem Gleichnis von den bösen Winzern (Mk 12,1–12) den Psalm 118,22 zitiert: »Der Stein, den die Bauleute verworfen haben, er ist zum Eckstein geworden, das hat der Herr vollbracht, vor unseren Augen geschah dieses Wunder.« Seinen nahen Tod vor Augen, identifiziert er sich selbst mit diesem verworfenen Eckstein. Aber am Ostermorgen spielt noch ein anderer Stein eine Rolle. Der Stein vor dem Grab ist weggewälzt. Die Auferstehung Jesu legt den neuen Grundstein für ein Leben, in dem es keinen Tod mehr gibt.

Muschel

Eine winzig kleine Blume
von irgendeinem Wegrain,
die Schale einer kleinen Muschel am Strand,
die Feder eines Vogels –
das alles verkündet dir,
dass der Schöpfer ein Künstler ist.

TERTULLIAN

So wie die Steine zum Wasser gehören, ist Wasser auch das Lebenselement der Muschel. Muscheln sind Lebewesen, die zum Teil sehr tief in den Meeren leben, dort, wo niemals ein Lichtstrahl sie erreicht. Durch die Kraft des Wassers werden manche von ihnen an den Strand gespült. Dann strahlen ihre Schalen im Sonnenlicht. Nach hohem Wellengang sind dann die Muschelsammler unterwegs. Sie sind fasziniert von der strahlenden Schönheit und den vielfältigen Erscheinungsformen der Muscheln.

Muscheln haben immer auch eine geheimnisvolle Aura um sich: Weiß man doch nicht, was sich in der Dunkelheit ihrer Schalen alles tut. Wer träumt nicht davon, einmal eine Perlmuschel zu finden. Aber nur wenige Muscheln sind Perlmuscheln. Nur die Muscheln, die bereit sind, sich durch ein kleines Sandkorn verletzen zu lassen, erleben die Verwandlung. In ihrem verletzten Inneren kann aus einem Sandkorn eine Perle wachsen. Was für ein schönes Bild für uns Menschen, die wir doch so große Angst davor haben, verletzt zu werden.

Aber die Muscheln haben noch eine Eigenart; sie erzeugen einen Ton. Ganz intuitiv halten wir eine große Muschel an unser Ohr, um das Rauschen des Meeres zu hören, so hat man es in unserer Kindheit erzählt. Und wirklich haben wir das Gefühl, dass die Muschel die Melodie des Meeres eingefangen hat. Lassen wir ihr das Geheimnis.

Die griechische Mythologie verbindet Aphrodite, die Göttin der Schönheit, mit der Muschel. Künstler stellen Aphrodite dar, wie sie auf einer Muschel steht. Die christliche Symbolik bringt die Muschel mit Maria in Verbindung. Maria trägt Christus, die köstliche Perle, in ihrem Schoß. Die Muschel wurde immer auch als jungfräulich bezeichnet. Im Mittelalter glaubte man, die Muschel würde »jungfräulich« durch Tautropfen befruchtet. Die Muschel wurde im Christentum aber auch zum Symbol für das Heilige Grab und für die Auferstehung. Die Jakobspilger tragen die Muschel als Zeichen ihrer Pilgerschaft an ihrem Pilgerhut. Im Mittelalter dauerte der Hin- und Rückweg nach Santiago de Compostela neun Monate. Man erwartete von seinem Pilgerweg eine Neugeburt. Das Alte ließ man auf dem Weg hinter sich und das neue Leben Gottes sollte wie eine Perle in uns wachsen.

Die Muschel ist der Ort, an dem die Perle wächst. Die Perle wächst in der Dunkelheit in der Muschel heran. Sie ist Symbol für das Kind, das im Mutterleib entsteht. Jesus selbst vergleicht das Himmelreich mit einer kostbaren Perle. Die kostbare Perle steht für das wahre Selbst des Menschen, für das ursprüngliche und unverfälschte Bild Gottes in uns. Die Kirchenväter sehen in der Perle das Geheimnis Jesu dargestellt. Die Perle wächst nicht nur in der Dunkelheit und bringt in sie Licht hinein, sondern sie entsteht auch in den Wunden der Muschel. Das ist ein schönes Bild für die menschliche Selbstwerdung. In unseren Wunden entsteht die Perle, in unseren Wunden werden wir offen für das wahre Selbst auf dem Grund unserer Seele. Wir lassen alle Masken und Rollen beiseite und kommen in Berührung mit der inneren Schönheit, dem wahren Selbst.

Dieses wahre Selbst vergleicht Evagrius Ponticus mit einer kostbaren Perle, die in uns leuchtet. Wir sollten dieses Licht des wahren Selbst immer mehr in unseren Leib und in unsere Seele dringen lassen.

Wenn man am Strand des Meeres entlanggeht, kann man sich der Schönheit der Muscheln kaum entziehen. Auch wenn man kein passionierter Muschelsammler ist, wird man sich hier und da hinunterbeugen, um ein Exemplar aufzuheben. Einige davon wandern mit Sicherheit in den Koffer und somit auf den Weg nach Hause. Gerade im Sommer lassen sich schöne Sachen mit Muscheln gestalten. In der Hitze halten sich Blumen in Vasen nicht so gut. Aber in einer Glasschale oder einem Glaszylinder mit einigen Muscheln auf dem Boden kann man einen Blütenkopf schwimmen lassen. Das weitet unseren Blick und erinnert uns an den Urlaub, an Stille und Erholung für Leib und Seele. Und es erinnert uns an das Geheimnis Gottes, das tief in uns wohnt und zu dem wir zeit unseres Lebens unterwegs sind.

Wurzel

*Fest und stark ist nur der Baum,
der unablässig Winden ausgesetzt
war, denn im Kampf festigen und
verstärken sich seine Wurzeln.*

SENECA

Die Wurzel ist in der Bibel ein wichtiges Bild für die Fruchtbarkeit. Unser Lebensbaum braucht gute Wurzeln, damit er Frucht bringt. Beliebt ist das Bild der Wurzel Jesse. Das Bild bezieht sich auf die Stelle in Jesaja 11,1: »Aus dem Baumstumpf Isais wächst ein Reis hervor, ein junger Trieb aus seinen Wurzeln bringt Frucht.« Das ist ein Bild für Christus, der aus dem abgehauenen Baumstumpf Isais hervorwächst. Im Mittelalter stellt man gerne die Wurzel Jesse so dar, dass aus dem schlafenden Isai eine Wurzel wächst und zu einem Baum wird, in dessen Zweigen die Patriarchen sitzen und über allem Christus thront als die eigentliche Frucht aus dieser Wurzel. Ein altes deutsches Weihnachtslied hat dieses Bild aufgegriffen: »Es ist ein Ros entsprungen, aus einer Wurzel zart«.

Die Wurzel Jesse ist nicht nur ein Bild für die Geburt Jesu, sondern auch für uns und unseren Weg der Selbstwerdung. Es gibt in unserem Leben Brüche. Es wird etwas abgehauen in uns. Aber wenn die Wurzel gut ist, dann kann auch in unserem Leben aus allen Trümmern Neues entstehen, aus dem

Scheitern kann ein Neuanfang werden, aus dem Abgehauenen kann etwas Neues wachsen. Die Benediktiner haben das über die Gemeinschaft im Kloster Montecassino geschrieben: »Succisa virescit – auch wenn sie abgehauen ist, blüht sie neu auf«.

Als Advents- oder Weihnachtswurzel haben die Wurzeln schon lange unser Herz erobert. Im Advent schmücken wir sie mit Tannengrün und einer Kerze. Auch mit vier Kerzen hat sie schon manchmal den Adventskranz ersetzt. Die Affinität zur Wurzel Jesse ist so nah und nicht zu übersehen. Aber auch in unserem säkularisierten Umfeld werden zur Weihnachtszeit Wurzeln dekoriert. Es scheint einen geheimnisvollen Zusammenhang zwischen Weihnachten und der Wurzel zu geben, den auch Menschen aus nicht christlichem Umfeld spüren. Aber die Wurzel ist so ein starkes Bild, dass es keinesfalls auf die Weihnachtszeit beschränkt werden sollte. Im Gegenteil: Es ist gut, eine Wurzel zu haben, die uns durch das Jahr begleitet. Eine Wurzel kann man vielfältig drehen und von jeder Seite wird sie uns ein neues Bild von sich zeigen. Und wir können uns sicher sein, dass sie zu uns sprechen möchte. Jede Seite eröffnet uns neue Möglichkeiten, sie mit unserer momentanen Lebenssituation zu vergleichen und ihr einen Platz zu geben, an dem sie genau zu uns sprechen kann. Je nach Beschaffenheit kann man in ihr eine kleine Vase verstecken oder sie in eine Schale mit etwas Wasser legen. Schon kann aus ihr eine Jahreszeitenwurzel werden, die wir im Frühling mit den ersten Primelchen schmücken und die uns bis in den Herbst mit dem letzten Efeu begleitet. In der Fastenzeit kann sie auch mal ganz kahl sein. Immer wird sie uns daran erinnern, auf unsere eigenen Wurzeln zu schauen und mit ihnen in Verbindung zu bleiben.

Wurzellosigkeit ist einer der Gründe, warum Menschen depressiv werden. Der Baum, der keine Wurzeln hat, vertrocknet, sobald es Krisen gibt. Die keltische Naturfrömmigkeit verlangt, dass vom ersten November bis zum zweiten Februar keine Wurzeln ausgegraben werden dürfen. Die Wurzeln sollen aus der Erde heilende Kräfte in die Heilkräuter treiben. Die Kirche hat die Weisheit, die in dieser Anweisung steckt, aufgegriffen, indem sie auf den ersten November das Fest Allerheiligen legte, das uns mit den Wurzeln der Heiligen und unserer Vorfahren in Berührung bringt. Und sie feiert am zweiten Februar das Fest Mariä Lichtmess, an dem das Licht, das in der Dunkelheit des Winters in unserem Inneren gewachsen ist, wieder nach außen soll, um unseren Alltag zu prägen. So erinnern uns die Wurzeln, mit denen wir gerne unsere Blumengestecke zieren, an unsere eigenen Wurzeln, die wir in unserem Glauben und die wir in der Glaubenskraft und Lebenskraft unserer Vorfahren haben. »Ohne Wurzel keine Flügel«, ist ein psychologisches Buch überschrieben. Es gilt auch für unseren Glauben. Nur wenn er starke Wurzeln hat, wird aus ihm etwas hervorblühen.

Blumen im Kirchenjahr

Das Leben ist ein Fest, wenn du dich
freuen kannst an den einfachen Dingen.

PHIL BOSMANS

Das Kirchenjahr im Wandel
der Jahreszeiten

Das Kirchenjahr ist für C. G. Jung ein therapeutisches System. Es feiert die wichtigsten Stationen im Leben Jesu und bringt dadurch die vielen Facetten menschlicher Selbstwerdung zum Ausdruck. Die Bilder, die die verschiedenen Feste uns vor Augen führen, sind heilsame Bilder. Jung nennt sie archetypische Bilder. Das sind Bilder, die uns zentrieren, die uns hineinführen in die eigene Mitte, in den inneren Raum der Seele, in dem das Potenzial unserer Lebensmöglichkeiten bereitliegt.

Ursprünglich haben die Menschen – lange vor dem Christentum – immer wichtige Abschnitte des natürlichen Jahres gefeiert. Viele Feste des Kirchenjahres haben daher auch ihren Ursprung im Rhythmus der Natur. Die Kirche hat ihr Osterfest einmal als Erfüllung des jüdischen Paschafestes gefeiert. Pascha heißt: Hinübergang. Es ist der Übergang von der Gefangenschaft in die Freiheit, von der Fremde in die Heimat, vom Leben zum Tod. Doch das jüdische Paschafest war ursprünglich ein kananäisches Frühlingsfest. Und die Kirche hat beide Aspekte übernommen. Die Auferstehung Jesu ist die Erfüllung dessen, was die Israeliten bei ihrem Auszug aus Ägypten erfahren haben. Alles, was uns am Leben abhält, geht unter in den Fluten des Roten Meeres. Und Christus leuchtet uns voran als das Licht, das uns den Weg in die Freiheit zeigt. Aber zugleich wird die Auferstehung Jesu auch in den Bildern des Frühlings ausgedrückt. Auferstehung heißt, dass neues Leben aus allem Erstorbenen aufblüht, dass das Leben stärker ist als der Tod. Die aufblühende Natur wurde zum Symbol christlicher Auferstehung. Nicht nur das Leben ist stärker als der Tod, sondern in der Auferstehung Jesu wird sichtbar, dass die Liebe den Tod besiegt.

Die Verbindung der Naturfeste mit den Festen des Kirchenjahres ist natürlich im abendländischen Kulturkreis entstanden. Daher ist die Symbolik der Natur nur im Abendland in die Feste des Kirchenjahres eingegangen: Weihnachten ist das Fest des unbesiegbaren Sonnengottes. Ostern wird durch den Frühling dargestellt, Pfingsten durch die Fülle der Blüte, wie sie im Frühling aufgeht. Mariä Verkündigung war ein römisches Aussaatfest. Das Fest Johannes' des Täufers wurde mit Sonnwendfeiern verbunden. In den Ländern Afrikas, Asiens und Lateinamerikas können die natürlichen Gegebenheiten, die die Kirche damals in der Missionierung der europäischen Völker aufgegriffen und christlich getauft hat, so nicht einfach auf das Kirchenjahr übertragen werden. Da braucht es andere innere Verbindungen. Aber auch in diesen Völkern besteht die Sehnsucht, das Geheimnis der Erlösung in Jesus Christus mit dem Geheimnis der Schöpfung und mit dem Rhythmus der Natur zu verbinden.

Bei uns hier liegen im Frühling die Feste des Erwachens und des Neubeginns: der Aschermittwoch, der Beginn der Fastenzeit, die Karwoche mit der Feier des Palmsonntags, Gründonnerstags und Karfreitags und das Osterfest. Wenn es draußen in der Natur anfängt zu grünen und zu blühen, so spiegelt sich dieses Erwachen in der Liturgie der Kirche wider und deckt sich mit der Auferstehung der Natur.

Im Sommer feiern wir die Feste der Fülle. Wenn sich die Natur prachtvoll entfaltet hat, dann feiern wir das Pfingstfest, Fronleichnam und das Erntedankfest.

Im Herbst, wenn die Blätter von den Bäumen fallen, liegen die Feste Allerheiligen und Allerseelen, in denen wir der Verstorbenen gedenken. Aber wir wissen genau, dass die Natur nicht wirklich stirbt, sondern sich nur in den Winterschlaf zurückzieht und im nächsten Jahr wieder neues Leben hervorbringt. So erinnern uns das Fest Allerheiligen an das ewige Leben, das uns erwartet und an die Gemeinschaft mit den Heiligen, die wir hier und heute schon haben.

In der dunklen Jahreszeit feiern wir die Feste des Lichtes: Advent, Weihnachten, Erscheinung des

Herrn und Mariä Lichtmess. Es sind zugleich die kürzesten Tage des Jahres. Wenn es draußen kalt und nass ist und die Tage trüb sind, ist die Sehnsucht der Menschen nach Licht und Wärme besonders groß und auch in kalten Wintertagen suchen wir die Geborgenheit eines Hauses und das Licht einer Kerze. In der dunkelsten Zeit wird uns in Christus das Licht geschenkt. Das sagt uns, dass in den dunkelsten Zeiten unseres Lebens Christus, das Licht, uns immer ganz nahe ist.

Die Blumen in den Kirchen und Häusern Deutschlands können von der Weisheit der Kirche profitieren, die die Sehnsüchte, die in den Naturriten und Natursymbolen der Völker liegen, aufgegriffen und in der Symbolik der christlichen Feste beantwortet und erfüllt hat. Daher dürfen die Blumen immer beides darstellen: das Geheimnis des Lebens Jesu, dessen Stationen wir im Kirchenjahr feiern, aber auch die Symbolik des natürlichen Jahres, die in diesen Festen und Festzeiten zum Ausdruck kommt.

Farbsymbolik innerhalb der Festkreise

> Bisweilen stelle ich mir die Farben
> als lebendige Gedanken vor,
> Wesen reiner Vernunft, mit denen
> ich mich auseinandersetzen kann.
>
> PAUL CEZANNE

Die Feste und Festzeiten des Kirchenjahres werden durch verschiedene Farben gekennzeichnet. Die Feste im Weihnachtsfestkreis und Osterfestkreis erstrahlen in weißer Farbe. Außerdem werden alle Marienfeste in weiß gefeiert und die Feste der Heiligen, die keine Märtyrer sind, und die Feste der Engel. Die Farbe Weiß steht einmal für das Licht, das alle Dunkelheit erleuchtet. Sie steht für das Einfache und Klare, das Ungetrübte und Ursprüngliche. Weiß ist »Ausdruck des Absoluten, des Anfangs und des Endes, der Fülle und der Leere sowie deren Vereinigung. Als das Anfängliche ist es das Einfache und die Einfalt« (Riedel 179f.). Weiß ist auch die Farbe der Initiation und des Neubeginns. Die Braut trägt ein weißes Gewand, ebenso der Täufling, der Priester, der Kandidat. Das Wort Kandidat kommt ja von »candidus = weiß«. Die alte Existenz wird ausgelöscht und etwas Neues leuchtet in uns auf. Und weiß ist in der Bibel immer auch ein Bild für die Vergebung der Sünden.

Das Urbild des Weißen wird auch in der Verklärung Jesu sichtbar. Jesus wird verwandelt: »Sein Gesicht leuchtete wie die Sonne und seine Kleider wurden blendend weiß wie das Licht« (Mt 17,2). Die weiße Farbe will die Freude über den Neuanfang, über das Licht Gottes, das uns in den Festen aufleuchtet, zum Ausdruck bringen. Weiße Gewänder sind immer festliche und fröhliche Gewänder, die die Leichtigkeit des Seins zum Ausdruck bringen. Alles wird neu und klar, alles verklärt sich für uns.

Die rote Farbe prägt das Bild an Pfingsten, am Palmsonntag und Karfreitag und an den Festen der Apostel und Märtyrer. Rot ist einmal die Farbe des Blutes und zum andern die Farbe des Feuers. Rot erinnert uns an die Hingabe Jesu in seinem Tod. Dort hat er sein Blut für uns vergossen. Sein Blut ist Ausdruck seiner Liebe. Wir sprechen von jemandem, der sein Herzblut für etwas oder jemanden gibt. Das Blut an den Märtyrerfesten ist Bild dafür, dass die Märtyrer ihr Blut für Christus vergossen haben. Sie haben ihren Glauben bis aufs Blut verteidigt und haben ihr Leben dafür hingegeben. Ihr Blut wird zum Samen für neue Christen. So haben es die frühen Kirchenväter gesehen.

An Pfingsten erinnert uns die rote Farbe an die Glut des Heiligen Geistes. Die Glut des Heiligen Geistes begeistert, sie bringt uns zum Glühen. Sie wärmt unsere Herzen und weckt Leben in uns. Lange Zeit wurde das Rot im Christentum tabuisiert und gefürchtet. Es galt als die »Farbe der Aggression, der zerstörerischen Gewalt und der blinden Leidenschaftlichkeit ... und der erotisch-sexuellen Leidenschaft« (Riedel 31). Doch sowohl an Pfingsten als auch am Palmsonntag und Karfreitag wurde das Rot unter die Farben des Kirchenjahres aufgenommen. Die Liebe, die in der Hingabe Jesu am Kreuz vollendet wurde, und die Liebe, die uns im Heiligen Geist ausgegossen worden ist (vgl. Röm 5,5), hat die aggressive und erotische Kraft in sich aufgenommen und verwandelt.

Violett ist die Farbe der Advents- und Fastenzeit und bei Beerdigungen. Violett ist oft der Abendhimmel. So symbolisiert Violett Untergang und Neubeginn und Verwandlung. Violett ist aus Blau und Rot zusammengesetzt. Heute ist es eine Modefarbe geworden, vor allem Feministinnen lieben diese Farbe. Denn Violett verbindet die beiden Pole des Männlichen und Weiblichen in sich. Jolande Jacobi, eine Schülerin von C. G. Jung, sieht im Violetten eine »Farbe der Erhabenheit, der Mystik und der Weisheit« (Riedel 135). Die Kirche versteht Violett als Zeichen der Buße. Aber in der Buße geht es wesentlich um Verwandlung. Jacobi beschreibt Violett als Farbe der Buße so: »Es repräsentiert sozusagen das Ringen des Geistes mit dem Fleisch, um es durchdringen zu können« (Riedel 135).

Violett ist auch die Farbe der Sehnsucht nach Vereinigung der verschiedenen Pole in uns. Wir sehnen uns danach, in uns Himmel und Erde, das Blau der Transzendenz und das Rot der Leidenschaft und Liebe zu verbinden. Urbild dieser Verbindung von Himmel und Erde ist Jesus, in dem Gott selbst Mensch geworden ist. Daher hat das Mittelalter Jesus vor allem in seinem Leiden immer mit einem violetten Mantel dargestellt. Der Stuttgarter Psalter aus dem 9. Jahrhundert »zeigt Christus während seines ganzen Erdenweges in Violett gekleidet« (Riedel 139).

Christus verbindet in seinem Leben Himmel und Erde. Wenn die Kirche in der Advents- und Fastenzeit die Altäre und Ambonen mit violetten Antependien schmückt, so will sie in uns die Hoffnung wecken, dass auch in uns alles vom Licht Christi durchdrungen und verwandelt wird.

Die Sonn- und Werktage während des Jahreskreises werden durch die Farbe Grün geprägt. Grün ist die Farbe der Hoffnung. Grün hat auf die Menschen eine angenehme Wirkung. Es beruhigt. Nach jedem Winter sehnen sich die Menschen nach dem frischen Grün der Wiesen. So ist Grün in der Liturgie die Hoffnung, dass Gott in uns alles verwandelt, dass neues Leben in uns aufblüht. Grün verbinden wir mit dem Wiesengefühl, mit dem Gefühl des Ausruhens. In den Gottesdiensten während des Jahreskreises geht es um ein Ausruhen bei Gott. Und wir verbinden Grün mit dem Baumgefühl. Wir hoffen, wie der Baum zu wachsen und Früchte zu tragen. Hildegard von Bingen spricht von Grünkraft, von »viriditas«. Es ist die Schöpfer- und Erneuerungskraft des Heiligen Geistes, die nicht nur in der Natur, sondern auch im Menschen wirkt. Grünkraft ist auch die Heilkraft Gottes. So geht es in den Gottesdiensten, in denen das grüne Messgewand getragen wird, um die heilende und erneuernde Kraft des Heiligen Geistes, der uns immer mehr durchdringen möge.

In der jüdischen Mystik der Kabbala steht die grüne Farbe für die Barmherzigkeit Gottes. So will uns das Grün während des Jahreskreises immer tiefer in die Barmherzigkeit Gottes hineinführen und uns selbst barmherziger werden lassen.

Die Festzeiten und Anregungen ihrer Gestaltung

Advent

> *Advent ist eine Zeit der Erschütterung, in der der Mensch wach werden soll zu sich selbst.*
>
> ALFRED DELP

Am ersten Adventssonntag beginnt das Kirchenjahr. Im Advent geht es um das Ankommen Jesu hier und jetzt in meinem Herzen, aber auch um sein Kommen am Ende der Welt. Das Ende der Welt geschieht in meinem Tod. Im Tod kommt für mich die Welt an ihr Ende. So warten wir auf das Kommen Jesu, der unser Leben hier und jetzt verwandelt und der im Tod uns an seiner Herrlichkeit teilnehmen lässt. Advent ist eine heilsame Zeit. In ihr kommen wir mit unserer Sehnsucht in Berührung. Sehnsucht hat die Kraft, unsere Süchte zu heilen. Denn Sucht ist immer verdrängte Sehnsucht. So geht es im Advent darum, unsere Süchte wieder in Sehnsucht zu verwandeln. Es ist eine Zeit des Umdenkens, der »metanoia«, und der Umkehr, eine Zeit des Wartens und des Wachens. Wir sollen aufwachen aus den Illusionen, die wir uns über unser Leben machen, um unser Leben im Licht Gottes neu zu sehen. Und die Adventszeit ist eine Zeit der Stille. Der Lärm unserer Gedanken soll zum Schweigen kommen, damit wir in der Stille Gott als den erfahren, der in unserem Herzen ankommt. Dann werden wir in der Stille auch bei uns selbst ankommen.

Dieser tiefe, ursprüngliche Sinn des Advents steht nun in extremem Gegensatz zu dem, was uns erwartet, wenn wir auch nur unsere Haustür verlassen. Spätestens seit dem ersten Advent gibt es überall Weihnachtsmärkte, Weihnachtsfeiern, Weihnachtsbäume und Weihnachtslieder aus jedem Kaufhauslautsprecher. Ganz abgesehen vom typischen Weihnachtsgebäck, das ja schon seit August in den Geschäften lagert, und der üppigen Weihnachtsdekoration. Da werden Adventskonzerte angeboten, in denen Weihnachtslieder gesungen und gespielt werden und das Weihnachtsoratorium von Johann Sebastian Bach wird fast überall in der Adventszeit aufgeführt. Wenn wir ehrlich sind, müssen wir zugeben, dass wir uns diesem von der Wirtschaft gesteuerten Trend nicht ganz entziehen können. Aber, wo ist die Adventszeit hingekommen? Im Sprachgebrauch spricht man nur noch von der Weihnachtszeit, die irgendwann beginnt, aber auf alle Fälle Weihnachten zu Ende ist. Auf der Wortsuche nach dem Advent begegnet er uns noch im Adventskranz und im Adventskalender. Ein Adventskranz, mit bunten Christbaumkugeln und goldenen Kerzen geschmückt, kann schwer seine Botschaft von der

Stille und der Hoffnung herüberbringen. Er löst in uns eher ein Gefühl der Festlichkeit, einer überschwänglichen Feier aus und nicht Umkehr und Erwartung. Adventskalender wollen uns eigentlich durch die Zeit des Wartens begleiten, uns ein Gespür dafür geben, wie wir mit jedem Tag näher und tiefer dem Fest der Geburt Gottes in unserem Leben entgegengehen. Mit Schokolade oder Geschenken bestückt, erinnern sie schwerlich an die Zeit des Wartens, sondern eher an das Nehmen und Immer-noch-mehr-Nehmen.

Während also draußen, vor der Tür, alles dem Weihnachtsgeschäft untergeordnet scheint, sind wir aber nicht verpflichtet, dieses Spiel mitzuspielen – wenn wir es nicht wollen. Das, was in unserem eigenen Haus geschieht, können wir selbst entscheiden. Und das ist die Chance für uns, den Advent wiederzufinden.

Fangen wir mit der Farbsymbolik an. Die Farbe des Advents ist das Violett, die Farbe der Verwandlung und der Umkehr. Es lohnt sich, einmal den Adventskranz schlicht zu gestalten, z. B. auch mit violetten Kerzen, und statt der schönen, bunten Weihnachtstischdecken etwas Einfaches auf den Tisch zu legen. Der Prophet Jesaja erzählt in seiner messianischen Erwartung von der Wurzel Jesse, aus der ein junger Trieb hervorgeht und Frucht bringt (Jes 11,1–16). So kann uns als Tischschmuck z. B. eine Schale mit einer kahlen Wurzel, grünen Zweigen und einer Kerze ganz direkt ansprechen. Sie lädt uns ein, uns an unseren eigenen Wurzeln zu erinnern, sie zu suchen oder sich mit ihnen auszusöhnen. Verbunden mit dem Grün des Lebens und dem Licht Gottes, können uns so kleine lebendige Zeichen täglich daran erinnern, dass wir auf dem Weg sind – auf dem Weg zu Gott, der an Weihnachten zu uns hinabsteigt, um ein Mensch zu werden, mit uns auf Augenhöhe. Die Farbe der Verwandlung zeigt uns auf, dass Gott auch unser Dasein in ein wahrhaft menschliches Sein wandeln will, in dem wir wieder zu uns selbst finden.

Der Advent und die Fastenzeit ist in der Kirche eine »geschlossene Zeit«, eine stille Zeit. Außer der violetten Farbe der Altartücher und der Messgewänder gehört auch der Verzicht auf Blumen dazu. Der Adventskranz mit seinem schlichten Grün erzählt von der Hoffnung der Menschen auf Leben. Die Lesungstexte im Advent machen uns auf die Wiederkunft Christi (z. B. Lk 21,25–28.34–36) aufmerksam, und sprechen von der Erwartung des Messias, des Erlösers. Wir hören von der Umkehrpredigt des Johannes am Jordan (Lk 3,1–20) ebenso wie von der Botschaft des Engels an Maria (Lk 1,26–38). Die Gestaltung der Kirche, in diesem Fall ohne Blumen, möchte diesen Texten Nachdruck verleihen.

Zu den großen Gestalten des Advents gehören Johannes und Maria. Johannes, mit seiner Aufforderung: »Bereitet den Weg des Herrn, macht eben die Straßen«, soll uns daran erinnern, was in unserem Leben alles uneben ist. An dieser Stelle kann man die Steine sprechen lassen. Sie helfen uns nachzuspüren, wo in unserem Leben die Stolpersteine liegen oder wir selbst zum Stein des Anstoßes werden. Wo wir, bewusst oder unbewusst, anderen Steine in den Weg legen. Steine sind ein wesentlicher Bestandteil der Gestaltung im Advent. Man könnte die Anordnung der Steine sogar jeden Sonntag verändern, indem welche hinweggenommen oder anders gestaltet werden. Dieses Wegnehmen und Gestalten könnte man als ein Ritual in den Gottesdienst einfließen lassen.

Natürlich gibt es auch die Möglichkeit, eine Adventswurzel im Kirchenraum zu gestalten. Auf einem violetten Tuch, durch das sich wieder die Farbe der Verwandlung ausspricht, kann sie direkt vor dem Altar platziert werden oder an einem geeigneten Platz. Mit Grün und einer passenden Kerze kann sie dort bis Weihnachten stehen. Zu Weihnachten könnte sie dann als Grundlage für das Weihnachtsgesteck dienen und mit Blumen geschmückt werden. So ist sie ein lebendiges Zeichen für die Prophezeiung des Jesaja. Der Ort in der Kirche, an dem Maria verehrt wird, darf im Advent auch größere Aufmerksamkeit bekommen. Aus Baumrinde und Moos und einem kahlen Zweig lässt sich sehr schön eine stilisierte Landschaft gestalten, die auch eine Blüte tragen darf. Angelehnt an das schöne Adventslied »Maria durch ein Dornwald ging«, spricht uns das direkt an und lenkt damit unsere eigene Aufmerksamkeit auf Maria. So ein Blickfang macht uns deutlich:

Der Ursprung und Keim der ganzen Weihnachtsgeschichte, einer Geschichte, die die Welt verändert
hat, liegt in einer Frau. Diese Frau, die mutig genug
war, in einer patriarchalischen Gesellschaft eine eigene Entscheidung zu treffen und Gott, gegen allen
Anschein hin, grenzenlos zu vertrauen. Das kann
auch uns dazu anregen, unsere eigenen Entschei-
dungen mit Gott zu besprechen und einmal mehr
Vertrauen zu wagen.

Ebenso lässt sich z. B. die Verkündigungsszene mit
den Figuren von Maria und einem Engel darstellen,
die man eventuell der Weihnachtskrippe entnehmen
kann. Vielleicht direkt auf dem Platz, wo zu Weihnachten die ganze Krippe steht. Diese Anordnung
lässt uns aufhorchen und uns an den Anfang des
Weihnachtsgeschehens zurückführen. Alles begann
mit dem »Ja« Marias zu einem unglaublichen, nach
menschlichem Ermessen unmöglichen Antrag des
Engels. Vielleicht macht ein Blick auf diese Szene
uns deutlich, dass auch wir in unserem Leben nicht
alles verstehen können und auch nicht alles verstehen müssen. Aber wenn wir trotzdem mit unserem
Herzen einwilligen können, kann Gott in unserem
Leben auch Unmögliches zum Heil werden lassen.
Mit einem Tuch oder einer Baumscheibe als Hin-
tergrund lässt sich so ein Haltepunkt für uns gut
darstellen. Im Bildteil gibt es einige Beispiele, die
zu neuen Ideen reifen können.

Weihnachten

An Weihnachten fängt Gott selbst
neu mit uns an, da er sich als
Kind einlässt
auf unsere Wirklichkeit.

ANSELM GRÜN

Einer Umfrage gemäß mit Passanten auf der Straße zu dem Thema: Was feiern Sie an Weihnachten? antwortete der größte Teil der Befragten: »Ein Fest der Familie«. Die ganze Familie kommt zusammen, um Weihnachten zu feiern. Und was tun diejenigen, die keine Familie haben? Da gibt es Christmas-Partys, Weihnachtstanz, Weihnachtskegeln und andere Abwechslungen. Es scheint für jedes Alter und jede Lieblingsbeschäftigung etwas zu geben, sozusagen als Ersatzfamilie. Die Menschen, die einsam sind, sie sind an diesen Tagen besonders einsam. Weihnachten und Familie hat wohl wirklich einen inneren Zusammenhang, auch wenn diesen die meisten Menschen nicht mehr erfassen können oder wollen. Ein weiteres Phänomen ist: An keinem Tag des Jahres sind bei uns die Kirchen so gefüllt wie zu Weihnachten. Menschen, die sonst nicht in die Kirche gehen, besuchen Weihnachten einen Gottesdienst. Auch dort scheint es einen inneren Zusammenhang zu geben, eine Sehnsucht der Menschen, zwischen Familienfeier und dem wirklichen Geschehen der Weihnacht.

An Weihnachten feiern wir die Geburt Jesu vor zweitausend Jahren in Betlehem. Doch wir feiern auch die Geburt Jesu in unserem Herzen. Wenn Gott in uns geboren wird, dann kommen wir in Berührung mit dem ursprünglichen und unverfälschten Bild, das Gott sich von jedem von uns gemacht hat. Dann feiert Gott mit uns einen neuen Anfang, wie Papst Leo der Große es in einer Predigt ausgedrückt hat. Und dieser neue Anfang bedeutet, dass wir nicht festgelegt sind auf die Vergangenheit, auf die Verletzungen, die wir früher erlitten haben, und auf die Lebensmuster, die sich in uns ausgebildet haben. Weihnachten ist die Verheißung, dass durch Christus alles in uns neu wird. All der Weihnachtsschmuck will zum Ausdruck bringen, dass Gott in unsere Welt gekommen ist, sie mit seiner Liebe erfüllt, sodass sie für uns zur Heimat wird.

Und wirklich: Kein Fest des Jahres wird mit so vielen aufwändigen Vorbereitungen gefeiert wie das Weihnachtsfest. Da wird gebacken, gebraten, gekocht, geschmückt und geschenkt – da soll es an nichts fehlen. Und doch scheint vielen etwas zu fehlen, denn sonst würden sie nicht an diesen Tag den unüblichen Weg zur Kirche antreten. Ob es der sentimentale Bezug zur Kinderzeit ist oder die Sehnsucht, dort etwas zu finden, was man nicht kaufen kann – wir wissen es nicht. Aber wir wissen, dass das eigentliche Geschenk an Weihnachten Gott selbst ist, der Mensch wird, damit die Menschen menschlicher werden können.

Und so hoffen wir darauf, dass wir an Weihnachten liebevoller miteinander umgehen und so einen Frieden erleben dürfen, der stärker ist als aller Hass und Neid und Groll.

Der Christbaum mit seinen vielen Lichtern symbolisiert diese Hoffnung auf Licht und Friede in unserer dunklen Welt und ist aus europäischen Wohnzimmern nicht mehr wegzudenken. Leider auch schon manchmal zum Advent, weil sich die Menschen mit dem Warten so schwertun.

Auch das Aufstellen einer Weihnachtskrippe, mit deren Hilfe das Geschehen der Heiligen Nacht mit Figuren nachgestellt wird, gehört mit zum Weihnachtsschmuck und ist doch gleichzeitig die Verkündigung der Weihnachtsbotschaft. Damit erreicht diese Botschaft viel mehr Menschen als die in unseren Kirchen. Eine frische Blume an der Krippe erzählt noch viel mehr. Sie sagt uns, dass hier nicht eine lang vergangene Geschichte erzählt wird, sondern dass diese Geschichte sich immer wieder in unserer Gegenwart ereignet. Der Weihnachtsstern zeigt uns das besonders deutlich. Diese Pflanze mit ihren schönen, roten Blüten ist im Mittelmeerraum beheimatet, dort, wo sich die Geburt Jesu ereignet hat, und ist dort ein immergrüner Strauch. In Nazaret vor der Verkündigungskirche steht ein wunderschönes, riesengroßes Exemplar davon. Bei uns ist sie als Zimmerpflanze kultiviert und hat an der Krippe, auch wegen ihres Namens, einen richtigen Platz. Denn auch Sterne sind aus unserem Weihnachtsschmuck nicht wegzudenken. Leider ist ein Weihnachtsstern an der Krippe in unseren Kirchen nur bedingt verwendbar. Durch seine Herkunft ist er sehr kälteempfindlich und unter 12 Grad Raumtemperatur kann er schlecht überleben. Da eignen sich z. B. weiße Christrosen und rote, kleine Alpenveilchen besser. Sie bringen, mit dem Tannengrün zusammen, die typischen Weihnachtsfarben: Rot, Weiß und Grün zur Geltung. Weiß, als die Farbe des Festes, rot, als die Farbe der Liebe Gottes, die an Weihnachten Gestalt annimmt in Jesus, dem Christus. Und Grün, als Zeichen der Hoffnung, dass dieser menschgewordenen Gottessohn zum Heil für alle Menschen wird. Neben Tannengrün und Seidenkiefer haben auch die Zweige des Eukalyptus eine schöne Symbolik. Sie sehen nicht nur sehr apart aus, ihr typischer Geruch erinnert uns daran, dass er auch eine Heilpflanze ist. Wir bringen sie zum Dank dem Heiland der Welt dar. Die Krippe ist auch ein Ort, wo in der Kirche ausnahmsweise Topfpflanzen ihre Berechtigung haben. Sie lassen das Wachsen des neugeborenen Jesuskindes deutlich werden und geben uns die Hoffnung, dass die Liebe Gottes in unseren Herzen immer weiter wachsen und für uns erfahrbar werden kann.

Seit einigen Jahren hat sich auch die Amaryllis einen festen Platz als Weihnachtsblume erobert. Obwohl sie aus Südafrika stammt, hat sie mit niedrigen Temperaturen keine Probleme und eignet sich so für den festlichen Altarschmuck in den Kirchen.

Auch sie gibt es in weiß und rot und für die Weihnachtszeit gibt sie uns noch eine andere, schöne Botschaft. Meistens sind an einem Stängel drei oder vier Blüten. Wenn sie am Heiligen Abend uns mit einer offenen Blüte erfreut, so faltet sie sich während der Weihnachtstage Stück für Stück mehr auf. So zeigt sie uns über Neujahr, hin bis zum Fest Epiphanie, die ganze Fülle. So wie sich das ganze Weihnachtsgeschehen ja erst Stück für Stück erschließt und im Fest der Heiligen Drei Könige die Fülle der Weltherrschaft des Erlösers sichtbar wird. Auch als Blumenschmuck an der festlichen Weihnachtstafel gibt sie ihre Botschaft an uns weiter.

Auch die Rosen sind Weihnachtsblumen. Obgleich das Lied: »Es ist ein Ros entsprungen ...« sicher nicht unsere Rose meint, sondern sich auf den jungen Trieb der Wurzel Jesse bezieht, ist doch die Assoziation naheliegend. Rosen sind ebenso in den Farben rot und weiß zu bekommen und durchaus in den Temperaturen der Kirchen überlebensfähig.

Die Natur in unseren Breitengraden bietet uns an Blumen kaum etwas an, um es zum Lob Gottes in unsere Kirchen zu tragen. Aber mit Tannengrün, Wurzeln, Moos und Baumrinde können wir unsere karge Umwelt zu Gott bringen und alles, was in unserem Leben karg und vergessen, im Winterschlaf der Zeit zugedeckt ist. Im Zusammenspiel mit den Blumen werden festliche Arrangements daraus, die uns daran erinnern, den Kopf zu erheben, um das Schöne in unserem Leben zu entdecken.

Neujahr

Der du die Zeit in Händen hast,
so nimm auch dieses Jahres Last
und wandle sie in Segen.

JOCHEN KLEPPER

Der Beginn des neuen Jahres weckt in uns die Hoffnung, dass auch in uns etwas neu wird. Allem Neuen liegt ein Zauber inne. Aber oft haben wir die Erfahrung gemacht, dass das Neue nicht hält, was es verspricht. So beten wir am Anfang des neuen Jahres, dass Gott dieses Jahr segnet, dass wir das ganze Jahr über unter seinem Segen stehen und dass Gottes Segen auch das Werk unserer Hände segnet, dass er unser Miteinander segnet und dass die ganze Welt im neuen Jahr unter Gottes Segen steht.

Der Neujahrstag ist der auch der Oktavtag von Weihnachten und das Hochfest der Gottesmutter Maria. Aus dem Weihnachtsgeschehen wird unser Blick noch einmal auf die Mutter Jesu gelenkt. Im Eingangsvers des Neujahrsgottesdienstes heißt es: Gruß dir, heilige Mutter, du hast den König geboren, der in Ewigkeit herrscht über Himmel und Erde. (Sedulius). Als die Marienfeste noch nicht so differenziert gefeiert wurden, gab es in Rom schon den Gedenktag der Gottesmutter am 1. Januar. Ohne Mütter gibt es keine Kinder. Mit der Mutter Maria hat Gott einen neuen Anfang mit der Menschheit gemacht. Deshalb ist ihr der erste Tag des Jahres geweiht. An diesem Tag wird noch einmal die Bedeutung Marias für den Heilsplan Gottes hervorgehoben und ihr Jawort gewürdigt, ohne das Jesus nicht geboren werden konnte. Im Evangelium steht die kurze Bemerkung: »Maria bewahrte alles, was geschehen war, in ihrem Herzen und dachte darüber nach.« Sie begriff nicht alles, was da geschehen war, aber sie versuchte es zu verstehen, indem sie nachdachte und es in ihrem Herzen bewahrte. Für uns ist es ein Aufruf zur Gelassenheit und Gottvertrauen, eine Medizin gegen Gottvergessenheit und Zukunftsangst.

Der dritte Aspekt dieses Festes ist der Gedanke des Weltfriedens: Seit dem Zweiten Vatikanischen Konzil wird am 1. Januar der Weltfriedenstag begangen. Dazu verfasst der Papst jedes Jahr eine besondere Friedensbotschaft, die auch live über das Fernsehen zu sehen und zu hören ist. Als Oktavtag (der achte Tag nach Weihnachten), welcher in der Festordnung immer eine Vorrangstellung einnimmt, bezeugt er Weihnachten als das eigentliche Fest des Friedens. In einem Jahr stand er unter dem Thema: Überwinde die Gleichgültigkeit und gewinne den Frieden. Gott ist nicht gleichgültig! Für Gott ist die Menschheit wichtig, Gott verlässt sie nicht! In zahlreichen Regionen der Welt hat sich die Gewalt so vervielfältigt, dass man es einen »Dritten Weltkrieg in Abschnitten« nennen könnte, so der Papst. Der größte Feind des Friedens sei die Gleichgültigkeit gegenüber den Mitmenschen. Deshalb müssen die Menschen gegen die »Globalisierung der Gleichgültigkeit« einstehen. Der Weltfriedenstag wird in Deutschland kaum zur Kenntnis genommen. Wenn wir zu unseren Neujahreswünschen ein Symbol oder Ritual des Friedens hinzufügen würden, könnte dieser Tag des Friedens vielleicht Kreise ziehen. Ein Friedenssymbol oder Ritual ist nachhaltiger als viele, lange Reden.

Für die meisten Menschen hat der Silvestertag eine weit größere Bedeutung als der Neujahrstag. Der Brauch, in der Silvesternacht stürmisch zu feiern und dem neuen Jahr in der Mitte der Nacht zu begegnen, ist weit verbreitet. Das neue Jahr liegt noch wie ein leerer Kalender, wie ein unbeschriebenes Buch vor uns.

Wer sich als besondere Geste nicht ausschließlich auf Glücksklee und kleine schwarze Schornsteinfeger festlegen möchte, kann mit einem Neujahrsritual ein Zeichen setzen. Man könnte eine frische Blume an die Krippe stellen und so das Neue in Gottes Hände legen. Meine Mutter öffnete am Neujahrsmorgen immer alle Fenster in der Wohnung, auch wenn es sehr kalt war, um die Luft und den Segen des neuen Jahres hereinzulassen.

In der Kirche werden die Weihnachtsblumen noch in voller Blüte stehen, aber es wäre natürlich schön, wenn der Marienaltar ein besonderes Detail bekäme und damit unsere Aufmerksamkeit auf sich ziehen würde. Das kann eine eigene, große Kerze sein oder eine der typischen Marienblumen wie eine Lilie oder eine Rose.

In unserem Alltag könnten wir der eigenen Mutter außer dem »guten, neuen Jahr« einen Dank aussprechen, weil sie unserem eigenen Leben den Anfang gesetzt hat. Und, wie schon gesagt, Blumen lieben alle Frauen.

Epiphanie

Brich auf mein Herz und wandere!
Es leuchtet der Stern.
Viel kannst du nicht mitnehmen
auf den Weg. Und viel geht dir
unterwegs verloren.
Lass es fahren. Gold der Liebe,
Weihrauch der Sehnsucht,
Myrrhe der Schmerzen hast du ja
bei dir. Er wird sie annehmen.
Denn du wirst ihn finden.

KARL RAHNER

»Wir haben seinen Stern aufgehen sehen und sind gekommen, ihm zu huldigen.« So beschreibt Matthäus das Erscheinen der Sterndeuter aus dem Orient in der Geschichte um die Geburt Jesu. Was bewegt Männer, über weite Strecken einem Stern zu folgen? Was bewegt uns, wenn wir in der Weihnachtszeit unzählige Sterne durch unsere Hände gehen lassen? Überall sind sie zu finden: vom Zimtstern bis zum Strohstern, an den Fenstern, auf dem Christbaum und auf Gebäcktellern. Der Stern ist ein dominierendes Symbol der Weihnachtszeit! Ob Brauchtum oder Zufall – der Stern lässt uns nicht los. Sterne sind ein uraltes Symbol der Wegweisung. Lange bevor es auf den Meeren Navigation gab, richteten sich die Seefahrer nach den Sternen. In vielen Märchen und Sagen werden die Menschen von einem Stern geführt. Vielleicht drückt unsere Liebe zu den Sternen in der Weihnachtszeit ganz unbewusst unsere Sehnsucht nach einem neuen Weg, dem richtigen Weg, aus? Der Stern ist uns ein Helfer, er geleitet uns sicher auf unseren Wegen, wenn wir das nötige Vertrauen aufbringen. Darüber hinaus bringt er das Licht zu den Menschen. Ein aufgehender Morgenstern deutet auf die Geburt eines besonderen Menschen hin oder auf das Aufbrechen einer neuen Lebensdimension, ebenso wie es hier in der Weihnachtsgeschichte erzählt wird. Wenn wir am Fest Epiphanie einen Stern in unsere Mitte holen, dann geht uns vielleicht ein Licht auf, dass dieses Fest in ganz neuem Licht für uns erscheinen lässt.

Denn an Epiphanie feiern wir das Erscheinen der Herrlichkeit Gottes hier auf Erden. Und wir feiern die Herrlichkeit Gottes, die auch in uns aufscheinen möchte. An Epiphanie haben die Weisen aus dem Orient in dem Kind in der Krippe den erkannt, der all ihre Sehnsucht nach Weisheit erfüllt. Und sie sind vor dem Kind niedergefallen und haben ihm alles dargebracht, was ihr Herz ihm bieten konnte: das Gold ihrer Liebe, den Weihrauch ihrer Sehnsucht und die Myrrhe ihrer Schmerzen. Indem sie niederfallen und anbeten, werden sie verwandelt und können auf einem andern Weg als Verwandelte heimkehren. So hoffen wir an diesem Fest, dass auch wir in der Anbetung vor dem Kind unsere eigenen Sorgen und unser Kreisen um uns selbst vergessen können, um so ganz frei zu werden für das Geschenk, das Gott uns an diesem Tag geben möchte: den Glanz seiner Schönheit, die Zärtlichkeit seiner Liebe und sein mildes Licht, das alle Dunkelheit erhellt.

In diesen Tagen sind auch die Sternsinger unterwegs. Sie bringen, gekleidet wie die Könige aus dem Morgenland, den Segen des Gotteskindes in die Häuser der Menschen. Dabei bitten sie um eine Spende für die notleidenden Kinder dieser Welt. Ein schöner Brauch? Man kann darin sehr viel mehr als einen Brauch entdecken. Weihnachten breitet sich über den ganzen Erdball aus. Der Segen geht von dem Kind in der Krippe aus und wird von Kindern in die Welt getragen. Wenn wir ihnen unsere Türen öffnen, erfahren wir, dass kein Weg umsonst gegangen wird. So sprechen uns an Epiphanie drei Symbole in unserem Leben an. Der Weihnachtsstern, den wir als Pflanze an diesem Tag in den Mittelpunkt stellen können. Die geöffneten Türen für das Leid der Kinder in der Welt und die Gaben der Weisen: Gold, Weihrauch und Myrrhe. In symbolisierten Gefäßen kann man sie zu den nun vollends aufgeblühten Weihnachtsblumen in die Kirche stellen. Das Gold der Liebe, den Weihrauch der Sehnsucht und die Myrrhe der Schmerzen erinnern uns an das Wenige, was wir auf unserem Weg mitnehmen, wenn wir dem Stern folgen wollen.

Mariä Lichtmess

Die Welt ist mehr als ihre Last
und das Leben mehr als die
Summe seiner grauen Tage.
Die goldenen Fäden der echten
Wirklichkeit schlagen schon
überall durch.
Lasst uns selbst tröstender
Bote sein.

ALFRED DELP

Für eine Mutter ist die Geburt ihres Kindes eigentlich erst nach sechs Wochen beendet. Erst dann hat Leib und Seele zum normalen Alltag zurückgefunden. Das ist heute so und war vor 2000 Jahren nicht anders. Die alttestamentliche Vorschrift, dass Frauen sich vierzig Tage nach der Geburt einer kultischen Reinigung unterziehen und dem Herrn ein Dankopfer darbringen, ist der biblische Bezug zu diesem Fest. Das neugeborene Kind wird, wie es alter jüdischer Brauch ist, in den Tempel gebracht, um Gott, der dem Kind das Leben geschenkt hat, zu danken und es seiner Fürsorge anzuvertrauen. Dort findet eine merkwürdige Begegnung statt. Ein Säugling, seine Eltern, ein alter Mann und eine alte Frau treffen aufeinander. Doch die beiden Alten sehen mehr als nur ein Baby. Sie sehen eine Wirklichkeit, die über die Fakten des Alltags hinausgeht. Sie erkennen in dem Kind das Heil der Welt. Bis zum Ende ihres Lebens haben sie nicht aufgehört, von

Gott zu erwarten, dass er ihnen diesen Lichtblick schenkt (Lk 2,22–38). Darauf bezieht sich auch die liturgische Bezeichnung dieses Festes: Darstellung des Herrn.

So rückt nach vierzig Tagen das Weihnachtsfest noch einmal in unser Blickfeld mit seiner Botschaft vom Licht und vom Heil für alle Menschen.

In unserem Alltag hingegen ist davon nicht viel zu sehen. Das Leben ist längst weitergegangen und auch der letzte Christbaum wird aus unseren Wohnzimmern verschwunden sein. Aber es besteht ja die Möglichkeit, nachdem aller Weihnachtsschmuck abgeräumt ist, die Krippe stehen zu lassen. Dann bekommt sie noch einmal eine ganz andere Aufmerksamkeit. Wenn das Folklore-Weihnachten zu Ende ist, steht nur noch die wirkliche Botschaft des Festes im Mittelpunkt.

Nach der Liturgiereform endet die Weihnachtszeit schon am Fest der Taufe Jesu. Das heißt: In den meisten Kirchen wird auch zum Fest Mariä Lichtmess nichts mehr auf das Weihnachtsfest hinweisen. Grund genug, wieder die Blumen sprechen zu lassen, damit die Botschaft des Festes ankommen kann. Wo die Möglichkeit besteht, könnte man ein Krippenbild oder einige Krippenfiguren noch einmal in den Mittelpunkt stellen. Frischen Lebensbaum und Tannengrün findet man überall und eine Weihnachtsblume kann uns die Erinnerung zurückrufen. Das tragende Symbol des Tages ist das Licht.

Die Natur schenkt uns nach der dunklen Jahreszeit langsam das Licht zurück. Die Tage werden jetzt merklich länger und die Sonne steht schon höher am Himmel.

In der Kirche werden am Lichtmesstag die Altarkerzen für das kommende Jahr geweiht und unsere Kerzen, die wir mitbringen. Auf unseren Tischen und an der Krippe bringen sie die Botschaft des Lichtes zu uns nach Hause. Wer eine Weihnachtswurzel hatte, kann sie auch noch einmal mit einer frischen Blume schmücken, denn an Mariä Lichtmess endet der Weihnachtsfestkreis.

Das Licht, das an Weihnachten und Epiphanie in uns aufgestrahlt ist, soll nun unseren Alltag erleuchten. Daher weihen wir an diesem Tag Kerzen und ziehen mit den brennenden Kerzen durch die dunkle Kirche. Wir wollen mit dem Licht von Weihnachten alle dunklen Winkel unseres Lebens erleuchten, wir wollen mit dem Licht Christi das suchen, was wir verloren haben: unsere verlorene Mitte, unsere verlorenen Ideale, unsere verlorene Begeisterung, unser verlorenes Selbst. Das Licht von Weihnachten möchte sich in unserem Alltag bewähren und uns bewahren vor aller Dunkelheit, die über uns hereinbrechen könnte.

Aschermittwoch

> *Die große Schuld des Menschen ist,*
> *dass er jeden Augenblick*
> *die Umkehr tun kann*
> *und nicht tut.*

MARTIN BUBER

Mit dem Aschermittwoch ist die Faschingszeit zu Ende. Man kann nicht endlos feiern. Auch die schönste Feier braucht ein Ende. Hier kommt das Ende abrupt. Der Gegensatz kann nicht deutlicher sein: Am Dienstagabend noch Tanz, Gesang, Witze, Fröhlichkeit, heute der Ernst des Aschermittwochs.

Aus den gesegneten Palmenzweigen des vorjährigen Palmsonntags wird die Asche hergestellt, mit der uns im Gottesdienst ein Kreuz auf die Stirn gezeichnet wird. Asche ist ein Bild der Verwandlung. Aus den vertrockneten Zweigen entsteht etwas ganz Neues: Asche. Asche ist ein Zeichen unserer Endlichkeit, ein Zeichen, dass wir alle aus dem Staub genommen sind und zum Staub zurückkehren werden. Asche ist aber auch fruchtbar für den Boden. Früher hat man die Stoppelfelder angezündet, um diese Fruchtbarkeit zu nutzen. Und Asche ist ein Zeichen der Buße und Umkehr und Reinigung. Mit Asche hat man früher die Krüge gereinigt und Seife hergestellt. Die alttestamentlichen Worte: »Asche aufs Haupt streuen« und »in Sack und Asche gehen« haben sich bis in unseren heutigen Sprachgebrauch erhalten. Sie bedeuten immer ein Schuldeingeständnis oder bekunden den Willen, etwas wiedergutzumachen.

So beginnen wir mit diesem Tag die Zeit der inneren und äußeren Reinigung. Wir reinigen durch Fasten den Leib und durch Umdenken und Umkehr die Seele. Wir stellen uns der eigenen Wahrheit, um sie in der Fastenzeit in Gottes Licht zu halten und von Gottes Liebe reinigen zu lassen von allen Trübungen.

Am leichtesten ist es, sich von äußeren Dingen in unserem Leben zu befreien. Reinigen wir unseren Schreibtisch von überflüssigem Papier, unsere Tische von der Dekoration und die Wohnung von einigen schönen Dingen, die wir gar nicht mehr wahrnehmen, weil sie immer dort stehen. So wird unser Lebensumfeld klarer und überschaubarer. Die äußere Ordnung hat einen Einfluss auf die innere Ordnung. Stattdessen könnte man ein kleines Kreuz auf den Tisch legen. Das zeigt uns, dass unser bisheriges Leben durchkreuzt wird, und eine Kreuzung gibt uns immer die Möglichkeit, unsere Richtung zu ändern.

Und wenn wir die Blumen zum Aschermittwoch befragen, dann sagen sie uns: »Reden ist Silber, Schweigen ist Gold«. Sie schweigen in der ganzen Fastenzeit. Auch in der Kirche werden alle Blumen entfernt und die violette Farbe zeigt uns wieder die Zeit der Umkehr an. Das Schweigen der Blumen kann mit ein paar Dornenzweigen und einem Stein unterstützt werden. Wenn wir den Stein ins Rollen bringen, alles, was in unserem Leben hart und versteinert ist, dann werden wir mit Freude zu Ostern erfahren, dass auch der letzte Stein vom Grab weggerollt ist.

Das Kreuz könnte einen exponierten Platz bekommen. Ein Kreuz, das immer an seinem Platz hängt, sieht man irgendwann nicht mehr. Entweder rückt man es in den Mittelpunkt oder verdeckt es mit einem Hungertuch. Diese Tücher sind mit Motiven gestaltet, die zur Meditation und zum Umdenken anregen. Wenn es in einer Kirche eine Darstellung der Pieta gibt, könnte man diese auch mit einem kahlen Zweig betonen. Das würde auch in dieser Zeit der Natur entsprechen. Wenn man den Zweig ins Wasser stellt, könnte es sein, dass er irgendwann in der Fastenzeit zu flüstern anfängt und grüne Spitzen zeigt.

Fastenzeit

> Wenn fasten, dann fasten.
> Wenn Rebhuhn, dann Rebhuhn.
>
> TERESA VON ÁVILA

Die Kirchenväter haben die Fastenzeit als heilende Zeit gepriesen. Persönlich freue ich mich nicht auf die Fastenzeit. Aber wenn sie da ist, weiß ich, dass sie mir guttut. Es tut mir gut, mein Essen und Trinken wieder in Ordnung zu bringen. Es tut mir gut, mich in die innere Freiheit einzuüben. Fastenzeit ist Trainingszeit. Wir trainieren die innere Freiheit. Die Trainingsmethoden sind Verzichten, Einfachheit, Klarheit, bewusster leben, ganz im Augenblick leben. Indem wir bewusst mal 40 Tage auf etwas verzichten, was uns sonst lieb und teuer ist – für den einen ist es der Alkohol, für den andern sind es Süßigkeiten, für andere wiederum der Fernsehkonsum oder das Surfen im Internet oder auch das Reden über andere –, fühlen wir uns frei von der Abhängigkeit. Sigmund Freud sagt: Wer nicht verzichten kann, wird nie ein starkes Ich entwickeln. Und wer nicht verzichten kann, kann auch nicht wirklich genießen. Verzichten ist keine Lebensverneinung, sondern eine Lebenssteigerung.

Aber genau das kann man nicht beschreiben, man kann es nur erfahren. Und um es erfahren zu können, muss man es tun. Die Fastenzeit ist keine Zeit der Selbstbestrafung, sondern der Vereinfachung des Lebens. Auf der einen Seite werden wir dann merken, was wir nicht wirklich zum Leben brauchen, auf der anderen Seite, was uns doch sehr fehlt und worauf wir uns zu Ostern wieder freuen dürfen. Zu all den herkömmlichen Fastenvorsätzen gehört auch das Fasten mit den Augen. Wer, so wie ich, ganz schwer ohne Blumen leben kann, für den ist »Blumen fasten« schon eine Herausforderung. Manchmal gelingt es mir auch nicht, und ich überrede mich selbst, wenigstens eine violette Tulpe zum Kreuz zu stellen. Wir können ausprobieren, wie es uns geht, wenn ein Tisch ohne Tischdecke bleibt und nur auf einer Serviette ein Kreuz liegt. Sechs Wochen werden wir an diesem Tisch vorbeigehen oder an ihm sitzen und er wird seine Botschaft senden. Wenn wir schöne Gegenstände, die wir in der Wohnung haben, einmal über die Fastenzeit wegstellen, dann werden wir manche voller Freude zu Ostern wieder hervorholen. Manche werden wir vielleicht in dieser Zeit vergessen haben. Das zeigt uns, dass wir diese nicht dringend brauchen.

Das Gleiche wie für die Augen gilt für die Sprache. Wie viele unnütze, nichtssagende Worte werden am Tag gemacht. Worte fasten bringt eine Zeit der Stille. Eine Zeit, in der wir Gott zu Wort kommen lassen können.

Die Blumen schweigen und, wie schon gesagt, mit einigen schlichten Akzenten wie Dornenzweigen, violetten Tüchern und Steinen lässt sich durchaus eine Botschaft vermitteln.

So dient die Fastenzeit dazu, das Leben intensiver und freier zu leben.

Palmsonntag

Jeder Weg
beginn mit dem ersten
Schritt.

KONFUZIUS

Mit dem Palmsonntag beginnt die Heilige Woche, die Karwoche. Jesus zieht als Friedenskönig in die

Heilige Stadt Jerusalem ein. Seine Jünger begleiten ihn mit Palmzweigen und Gesängen. Die Christen ziehen an diesem Tag mit Palmzweigen in die Kirche. Das heißt: Sie gehen! Sie bewegen sich, sie gehen in diese Woche hinein. Das sind die ersten Schritte in diese Heilige Woche. Sie ist an Dynamik und Dramatik nicht zu überbieten. Die Palmzweige sind Symbol für den Sieg Jesu über den Tod, den wir an Ostern feiern. Sie sind Bilder der Freude und des Friedens.

Doch nach der feierlichen Palmprozession ändert sich die Stimmung in der Kirche. Jetzt wird die Passion vorgelesen oder vorgesungen. Und auch in der Passionsgeschichte wird viel gegangen. Jesus und die Jünger gehen vom Abendmahlsaal zum Ölberg, vom Ölberg zu Hannas, dann zu Kaiphas, weiter zu Pilatus, von dort zu Herodes und wieder zurück zu Pilatus, schließlich nach Golgota. In dieser Geschichte ist unheimlich viel Bewegung und sie bringt uns in Bewegung, weil es keine alte Geschichte ist, sondern weil sie unsere Geschichte ist. Wenn wir am Palmsonntag diesen ersten Schritt in diese Geschichte gehen, dann spielen wir sie nicht nach wie das Krippenspiel an Weihnachten. Diese Geschichte ereignet sich zwischen Jesus und uns und mit jedem Schritt gehen wir tiefer in unsere eigene Geschichte hinein und müssen eine Position beziehen.

Das Leiden Jesu steht im Zentrum des Gottesdienstes. Die Palmprozession drückt unsere Freude aus, dass dieser König des Friedens hineinzieht in die Friedlosigkeit menschlicher Gewalt, Grausamkeit, Feigheit und Brutalität. Und wir ahnen am Palmsonntag, dass dieser Jesus, der in seiner Passion so ohnmächtig zu sein scheint, in Wirklichkeit den Frieden bis in die dunkelsten Winkel dieser Erde bringt, dass er mit seiner Liebe auch die hasserfülltesten Orte dieser Erde zu verwandeln vermag.

Unsere Palmzweige sind landesüblich Buchsbaum oder Weidenkätzchen, die wir gesegnet mit nach Hause nehmen, ihnen einen Platz in unserer Wohnung geben und sie aufbewahren. Man kann aber auch problemlos im Blumenladen richtige Palmenzweige bestellen. Sie sind nicht nur sehr dekorativ, sondern versetzen uns auch intuitiv an den Ort des Geschehens. Das kann uns helfen, nicht als Zuschauer diese Szenen zu betrachten, sondern als Mitwirkende. Wer bin ich an diesem Palmsonntag? Bin ich ein Neugieriger an der Straße? Jemand, der seine Kleider auf die Straße legt und frenetisch jubelt, oder ein Skeptiker, der erst einmal abwartet, wie sich die Sache entwickelt? So ein echter Palmenzweig kann uns schon auf die Sprünge helfen, weil es eine Pflanze ist, die wir sonst nie in unseren Vasen oder Schalen zu Hause beherbergen.

Die Kirche ist von festlichem Ernst geprägt. Wie bringen Blumen die Botschaft des Jubels und der Passion gleichzeitig zu den Menschen? Es ist immer noch Fastenzeit! Echte Palmenzweige an allen Stellen der Kirche, die sonst auch mit Blumen bedacht werden, strahlen diese Festlichkeit aus. Die liturgische

Farbe ist rot und weist schon auf das blutige Leiden Jesu hin. Eine geschlossene rote Tulpe sieht aus wie ein Tropfen. Zu jedem Palmenzweig so einen Blutstropfen gesteckt, spricht seine eigene Sprache. Wenn man noch einen oder einige kleine Steine dazulegt, kommt uns die Lukasstelle vom Einzug in Jerusalem besonders nah. In dem allgemeinen Jubel verlangen die Pharisäer, dass Jesus seine Jünger zum Schweigen bringen soll. Er antwortet: Wenn sie schweigen, werden die Steine schreien (Lk 19,28–40).

Gründonnerstag

Wenn ich, der Herr und Meister,
euch die Füße
gewaschen habe, dann
müsst auch ihr einander
die Füße waschen.

JOH 13,14

Der nächste Schritt ist für die meisten unserer Zeitgenossen das Osterfest. Überall wünscht man sich schon frohe Ostern und die Karwoche wird aus Unkenntnis als Osterwoche bezeichnet. Aber ohne Karfreitag gibt es kein Ostern und ohne Gründonnerstag keinen Karfreitag.

Der Gründonnerstag hat seinen Namen vom alten Wort »grinen« = »weinen und trauern«. Manche meinen, der Name stamme von der Tradition, am Gründonnerstag grüne Speisen, z. B. Kohl, zu essen. Am Gründonnerstag gedenken wir der Einsetzung der Eucharistie beim letzten Mahl Jesu mit seinen Jüngern vor seinem Leiden. Die Messgewänder sind weiß als Zeichen für das Geschenk, das Jesus uns in dem Vermächtnis des Liebesmahles hinterlassen hat. Nach der Fastenzeit ist die Kirche das erste Mal wieder mit Blumen geschmückt. Dieses festliche Abendmahlsamt ist das kürzeste Fest überhaupt. Bereits nach dem Gloria schweigt die Orgel bis Ostern und der A-capella-Gesang der Gemeinde wirkt in diesem Moment meistens kläglich. Die Gestaltung des Altares und der Blumen wollen diese ernste Festlichkeit zum Ausdruck bringen. Am eindrücklichsten nehmen weiße Blumen mit Grün und einem kahlen Zweig diese Spannung auf. Weiße Rosen, Lilien und Calla eignen sich in dieser Situation besonders gut. Der weißen Calla hängt ja auch immer noch das Image der Totenblume an und sie weist einen eindrücklichen Weg. Vor dem Altar kann man auf einem weißen Tuch eine Menorah, den siebenarmigen, jüdischen Leuchter (mit oder auch ohne Kerzen), und ein Fladenbrot ausbreiten. Das erinnert an das jüdische Paschafest, an dem Jesus mit seinen Jüngern das letzte Abendmahl feierte. Das nimmt uns hinein in das Geschehen, welches nicht vor langer Zeit geschehen ist, sondern was sich in diesem Moment vollzieht und immer wieder zum Gedächtnis Jesu vollzogen wird.

Die Liturgie ist geprägt von der Fußwaschung, die der Priester nach der Predigt an zwölf Männern und Frauen vornimmt, in Erinnerung an die Fußwaschung, von der uns Johannes beim letzten Abendmahl berichtet (Joh 13,1–20). Die Fußwaschung symbolisiert das Geheimnis der Erlösung: Jesus beugt sich im Kreuz bis in den Staub des Todes, um uns dort zu berühren und zu heilen, wo wir unsere größte Verwundbarkeit zeigen. Die Griechen sprechen von der Achillesferse. Jesu Tod heilt die eigentliche Wunde, an der wir alle zugrunde gehen: die Wunde des Todes. Die Fußwaschung ist aber auch eine Einladung, wie Jesus den Menschen zu dienen und sich auf sie einzulassen, gerade dort, wo sie verletzt oder schmutzig geworden sind. Am Ende der Liturgie wird der Altar entblößt und aller Schmuck aus dem Altarraum getragen. Dieses Ritual will an die Ölbergszene erinnern. Das Allerheiligste wird in die Krypta getragen oder an einen geeigneten Ort. Jesus zieht aus der Kirche aus. Dieses Gefühl der Verlassenheit, den so ein kahler Altarraum ausstrahlt, ist immer wieder erschütternd. Eben noch hat die Gestaltung des Altares und der Blumen eine beredte Sprache gesprochen und nun sind sie ganz plötzlich sprachlos geworden.

Nach dem Gottesdienst ist es oft üblich, eine Agape, ein Liebesmahl, zu feiern. Im Vordergrund dieses Mahles steht das Dienen. Man teilt Brot und Wein miteinander, bedient sich gegenseitig am Tisch und ist aufmerksam, was der andere gerade braucht oder möchte. Diese Aufmerksamkeit ist uns in unserer Esskultur weitgehend abhandengekommen. Im

Einüben bei der Agape spürt man die Freude, die eine solche Aufmerksamkeit mit sich bringt. Man kann die Agape auch zu Hause in der Familie halten oder Freunde einladen. Gerade auch in Familien mit kleineren Kindern, wo der gemeinsame Besuch des Abendmahlsamtes zu spät oder zu stressig ist, kann so eine Agape am frühen Abend gehalten werden, als eindrückliches Zeichen des Gründonnerstags. Wenn sich dabei der Tischschmuck auf grüne Buchsbaumzweige ohne Blumen beschränkt, symbolisiert es genau den Moment, wo wir gerade stehen, denn jetzt kippt die Stimmung endgültig um.

Das Allerheiligste ist zu einem einsamen Ort getragen worden, einer Seitenkapelle oder Krypta. Sie symbolisiert den Ölberg, an dem Jesus seine Jünger zum Wachen und Beten auffordert. Dort können die Gläubigen die ganze Nacht über wachen und schweigend beten für alle Menschen, die einen ähnlichen Kreuzweg zu gehen haben wie Jesus.

Dort dürfen wir Jesus in der Gestalt des Brotes begegnen und daher wird auch der Ölbergaltar entsprechend gestaltet sein. Auch hier können die Blumen uns die Spannung dieser Nacht deutlich machen. Aus einem dichten Gitter aus Dornenzweigen kann man einige kleine, weiße Moosrosen oder Ranunkeln herausschauen lassen. Für den Ölbergaltar eignet sich auch gut eine große Wurzel. Sie macht uns die Nähe zu der Nacht im Freien deutlich, wenn sie mit viel Grün vom Lebensbaum, Buchsbaum oder

Efeu geschmückt ist. Einige wenige weiße Callas oder weiße Rosen könnte man dieser Wurzel hinzufügen. Wer mutig ist, kann es sogar mit einer einzelnen Blüte versuchen. Sie spricht noch deutlicher in die Einsamkeit dieser Gründonnerstagsnacht hinein. So wird die Gründonnerstagsnacht zu einer Nacht des Wachens und Betens und der Solidarität mit allen einsamen und leidenden Menschen.

Karfreitag

ich sterbe nicht
ich werde gestorben
auch du stirbst nicht
du wirst gestorben
das tatwort sterben
belügt uns
wir tun es nicht
nur einer tats

KURT MARTI

Das Wort »Kar« bedeutet »Trauer« und »Kummer«. Der Karfreitag ist in der Volksfrömmigkeit mehr ein Tag der Trauer über den Tod Jesu. Wenn wir die Bilder auf uns wirken lassen, die die Evangelisten uns über den Tod Jesu berichten, bleibt eigentlich nur Sprachlosigkeit. Die Erde bebt, der Himmel verdunkelt sich, der Vorhang des Tempels reißt von oben bis unten durch – die Welt hält den Atem an. Zwei der Evangelisten lassen den fassungslosen römischen Hauptmann sagen: »Wahrhaftig, dieser war Gottes Sohn!«

An dieser Stelle kann man eigentlich nicht zur Tagesordnung übergehen und überlegen, was man denn an dem freien Tag alles tun könnte: vielleicht schon Kuchen backen oder Ostereier färben, das Haus schmücken oder wenigstens die Fenster putzen? Dieser Tag bietet andere Möglichkeiten, nämlich aus dem »fahrenden Zug« auszusteigen und sich danebenzustellen. Den Zug fahren zu lassen und ihm hinterherzuschauen. Dann erhebt sich schnell die Frage: Und was mache ich nun? Nichts! Nichtstun kann wehtun und uns aktive Menschen zur Verzweiflung bringen. An dem Todestag Jesu einfach einmal den Atem der Zeit anhalten und das auch in unserem Leben sichtbar werden zu lassen. Keine grünen Zweige mit Ostereiern in der Wohnung und auch die schon gekauften Tulpen und Osterglocken einfach nur kühl aufbewahren und nicht schon in die Vasen stellen. Wenn man den Mut hat, einmal den Vorhang des Tempels reißen zu lassen und einen Tag im Nichts zu stehen, hat man eine gute Position, auch Ostern als das befreiende Fest zu feiern. Die wunderbare Karfreitagsliturgie in der Kirche führt genau auf diesen Weg.

In dieser Liturgie ist der Tag ein Fest der Freude, dass Jesus am Kreuz über die Dunkelheit und Sünde der Welt gesiegt hat. Er hat die Gewalt seiner Mörder nicht mit Gegengewalt beantwortet, sondern mit Vergebung und Liebe. Das ist ein Hoffnungsbild für uns alle, dass es nichts gibt, was in uns nicht vergeben werden kann. Und das Kreuz wird zum Siegeszeichen über die Macht des Todes. Eine Antiphon singt: »Durch das Holz des Kreuzes kam Freude in alle Welt.« Das Kreuz wird verehrt, weil wir in ihm die Verwandlung aller Kreuze sehen, die heute noch aufgerichtet werden. Jesus hat am Kreuz seine Liebe zu uns vollendet. Und das Kreuz wurde für die frühen Christen zum Zeichen, dass Christus uns mit all unseren Gegensätzen umarmt. »Vom Kreuz herab werde ich alle an mich ziehen«, sagt Jesus vor seinem Tod (Joh 12,32). In der Passionszeit war das Kreuz verhüllt. Jetzt wird es wieder enthüllt, damit wir die Liebe Jesu erkennen, die alles in uns umarmt und die uns erkennen lässt: »Es gibt keine größere Liebe als wenn jemand sein Leben hingibt für seine Freunde« (Joh 15,13).

Dennoch finden wir die Kirche so vor, wie sie in der Gründonnerstagnacht verlassen wurde: Leer, kalt und ohne jeden Schmuck. Das Zeichen der Verehrung des Kreuzes in der Liturgie ist ein sehr starkes Symbol. Jeder verlässt seinen Platz und macht sich auf den Weg zum Kreuz. Wer am Karfreitag schon zu den »Aussteigern« gehört hat, für den ist es eine besondere Freude, sich nun vom Kreuz umarmen zu lassen.

Es gibt keine Regel ohne Ausnahme. Zweimal habe ich erlebt, wie Blumen am Karfreitag eine wichtige Rolle gespielt haben. Einmal haben alle Gottesdienstbesucher jeweils eine einzelne Blume mitgebracht. Diese Blume legte man dann bei der Kreuzverehrung auf einem großen, roten Tuch ab.

Anschließend haben es die Ministranten an allen vier Enden aufgenommen und gemeinsam mit dem Kreuz an einen stillen Ort der Kirche gebracht. Dort haben sie das Kreuz damit bedeckt. An diesem Ort gab es dann die Möglichkeit zum stillen Gebet oder zur Totenwache. Da die Blumen ja ohne Wasser auf dem Tuch lagen, waren sie im Sterben mit dem Tod Jesu vereint.

In einer anderen Kirche bekam jeder Gottesdienstbesucher eine rote oder weiße Rose am Eingang der Kirche. Bei dieser Kreuzverehrung lag das Kreuz auf der Erde. Alle, die sich auf den Weg zum Kreuz gemacht hatten, legten ihre Rose auf das Kreuz, sodass am Ende das Kreuz unter den Rosen begraben war. In der Osternacht wurden eben diese Rosen wieder an die Gemeindemitglieder ausgeteilt. Und ob Sie es glauben oder nicht: Unsere Rose hat es überlebt und stand, frisch angeschnitten, auf dem Ostertisch. So können Blumen nachhaltig von Tod und Auferstehung reden.

Ostern

> *Wer Ostern kennt,*
> *kann nicht verzweifeln.*
>
> DIETRICH BONHOEFFER

Ostern ist das Fest aller Feste. In der frühen Kirche kreiste alles um das Osterfest. Das Weihnachtsfest ist erst viel später entstanden. Ostern meint den Sieg des Lebens über den Tod, den Sieg der Liebe über den Tod. Ostern wird in der Nacht gefeiert. Mitten in der tiefsten Dunkelheit wird das Licht der Osterkerze entzündet und in die dunkle Kirche getragen. Das Licht der Osterkerze wird weitergereicht, sodass die ganze Kirche vom Licht der Auferstehung erfüllt wird. Das Licht der Auferstehung reicht bis in die tiefste Dunkelheit des Todes. Es will auch alle Schattenseiten in unserer Seele erhellen, sodass der ganze Mensch Licht wird. Und Auferstehung ist die Gewissheit: Der Tod hat keine Macht mehr über uns. Wir werden zwar sterben. Aber der Tod ist nicht das Ende, sondern der Anfang eines neuen Lebens, eines Lebens im Licht und in der Liebe.

Das Licht ist das große Symbol des Osterfestes. Es steigert sich von der einen Osterkerze, die mit dem Ruf »Lumen Christi« (»Licht Christi«) in die dunkle Kirche getragen wird, über die vielen Osterkerzen der feiernden Gemeinde bis zu dem Punkt, wo dann alle Lichter und alle Kerzen in der ganzen Kirche brennen. Dort, wo die Osternacht in der Morgenfrühe gefeiert wird, kann man wunderschön erleben, wie während des Gottesdienstes langsam das Morgenlicht durch die Fenster bricht. Die Natur verkündet die Auferstehung des neuen Tages. So sind die Osterfarben, die Farben des Lichtes: Gelb, Weiß und Orange in allen Schattierungen. Die Blumen, die auf ihre Weise die Osterbotschaft verkünden wollen. Alles, was der Frühling in der Natur aufbrechen lässt, ist Ostern eingeladen mitzufeiern: Vom Schneeglöckchen über Narzissen und

Tulpen bis zu Forsythien- und Kirschzweigen. Hier darf es auch wirklich einmal die Fülle sein, weil dieses Fest alle Grenzen sprengt und die Schwelle des Todes überschreitet. Das lässt sich auch sehr schön durch einen Stein symbolisieren, der in der Ostergeschichte eine wesentliche Rolle spielt. Während die Frauen, die zum Grab gehen, sich noch ängstlich fragen, wer ihnen wohl den Stein wegrollen wird, ist der Stein schon bewegt worden (Mk 16,1–6). In Baumärkten gibt es Rasenbegrenzungssteine, die einem Rollenstein sehr ähnlich sehen. Ein solcher Stein, in eine Schale mit Wasser gestellt und von verschiedenen Seiten mit Blumen geschmückt, erzählt diese Geschichte hautnah. Tulpen wachsen ja gerne noch als Schnittblumen und legen sich dann oft liebevoll um den Stein herum.

Als Altargesteck kann sich aber z. B. auch aus einer steingrauen Keramikschale mit wenigen aufstrebenden Blumen ein Bild von Auferstehung entfalten. So können zum Beispiel weiße und gelbe Calla mit großem schmalem Blattwerk das Aufbrechen des Todessteines erkennen lassen.

Bei Maria, die Jesus bis in die letzten Stunden auf dem Weg zum Tod begleitet hat, soll der Osterjubel natürlich auch deutlich werden. In einem Nest aus dünnen Birkenzweigen, um eine Schale gelegt, kann man sehr schön alle Frühblüher versammeln.

In einem Nest kommen die Jungen zur Welt und werden behütet, bis sie alleine ihren Weg finden. So wie sich Maria um ihren Sohn gesorgt hat, seinen

Weg aus der Ferne betrachtet und noch unter dem Kreuz zu ihm gestanden hat. Von ihr hieß es: Sie bewahrte alle Worte in ihrem Herzen (Lk 2,19). Sie wird sicher zu den Ersten gehört haben, die Auferstehung gespürt haben. Maria hat immer geglaubt, was Gott ihr sagen wollte.

Das, was in der Osternacht beginnt, wird fünfzig Tage lang gefeiert, damit das Leben, das an Ostern über den Tod gesiegt hat, auch in uns alles Erstarrte aufbricht, alles Mutlose aufrichtet, alles Dunkle in uns erleuchtet. Diese fünfzig Tage Osterzeit lassen uns viel Spielraum, Ostern auch in unseren Häusern als Auferstehung zu feiern. Die Festlichkeit und Fröhlichkeit und ein Aufstand gegen den Alltag können wir uns mit wenigem Aufwand gönnen.

Außer dem Osterstrauß mit bunten Eiern kann als Tischschmuck eine Glasschale mit Wasser, Steinen und einigen Osterblumen die Ostergeschichte neu erzählen. Wasser ist ebenso ein wichtiges Symbol zu Ostern. In einen Glaszylinder, der zum Teil mit Wasser gefüllt und auf dem Boden mit Steinen bedeckt ist, lässt sich wunderschön ein einziger blühender Zweig oder eine Blume stellen. An irgendeinem Punkt des Zimmers, wo unser Blick darauf fallen kann, wird so ein langer Glaszylinder seine Botschaft von der Auferstehung erzählen: Blumen, die aus den Steinen emporstreben, können uns daran erinnern, jeden Tag neu anzufangen.

Und Ostern will uns ermutigen, aufzustehen aus dem Grab unserer Angst, aus dem Grab unserer Resignation und aus dem Grab unserer Zuschauerrolle. Viele Menschen bleiben lieber Zuschauer. Aber Ostern kann man nicht als Zuschauer feiern. Da muss man sich erheben und den Aufstand wagen, gegen alles Lebensbehindernde in uns und um uns.

Christi Himmelfahrt

> Der Himmel senket sich,
> er kommt und wird zur Erden.
> Wann steigt die Erd empor
> und wird zum Himmel werden?
>
> ANGELUS SILESIUS

»Der Himmel geht über allen auf, auf alle über – über allen auf.« Wilhelm Willms hat den Text zu diesem wahrhaft himmlischen Kanon geschrieben. Schon das Wort »Himmel« löst in uns ein Hochgefühl aus. Wir finden etwas himmlisch oder wir schweben im siebten Himmel, wenn wir verliebt sind. Selbst die Werbung weiß um die starke Wirkung dieses Wortes. Wie viele Produkte werden als »himmlisch« angepriesen! Der Himmel hat also ganz viel mit uns selbst zu tun. Das Fest Christi Himmelfahrt liegt im Frühsommer und in der Natur explodiert geradezu das frische Grün aus allen Zweigen. Es zieht uns hinaus zum Wandern oder Spazierengehen und wir freuen uns an einem blauen Himmel, der sich im Wasser spiegelt. Die Höhe des Himmels und die Tiefe des Meeres sind geheimnisvolle, transzendente Orte. Sie sind selbst dem Zugriff unserer

Vorstellungskraft entzogen. Gemeinsam mit dem Wunder der Natur, was wir jedes Jahr neu erleben dürfen, können wir diesem Geheimnis auf der Spur bleiben. Dem Geheimnis des Himmels in uns.

Wenn wir uns die Natur in unser Haus und in die Kirche holen, müssen wir nicht lange nachdenken. Alles, was gerade blüht, lässt den Himmel aufleuchten. Es gibt nicht viele blaue Blumen, aber der blaue Rittersporn, Iris oder Lupinen können uns an die Farbe des Himmels erinnern. Viele Gemeinden feiern ihren Gottesdienst an diesem Tag unter freiem Himmel. Danach gibt es oft ein fröhliches Picknick auf dem grünen Rasen.

Im Volksmund heißt dieser Tag auch Vatertag. Johannes lässt Jesus in seiner Abschiedsrede sagen, dass er wieder zum Vater heimkehrt (Joh 17,28), und in der Apostelgeschichte (Apg 1,9–11) wird uns seine Himmelfahrt erzählt. Wahrscheinlich ist das der Grund für das Brauchtum, an diesem Tag die Väter zu ehren. Für die Väter würde da sicherlich auch ein Strauß blaue »Vergissmeinnicht« seine eigene Sprache sprechen. Aber das Fest bietet wesentlich mehr, als sich über den Himmel und die Natur zu freuen.

Das Fest Christi Himmelfahrt lenkt unseren Blick nicht nur nach oben zum Himmel, sondern auch nach innen. Angelus Silesius dichtet: »Halt an, wo laufst du hin? Der Himmel ist in dir. Suchst du ihn anderswo, du fehlst ihn für und für.« Wenn Christus in den Himmel aufsteigt, dann bedeutet das, dass wir ihm nicht mehr äußerlich folgen. Er ist in den Himmel in uns eingetreten, wie es der Hebräerbrief beschreibt. Und dort, wo Christus in uns ist, kommen wir in Berührung mit unserem wahren Selbst. Christus ist nicht nur der, der vor 2000 Jahren gelebt hat. Er ist auch ein Bild für unser spirituelles Selbst, für das einmalige Bild Gottes in uns. Die Bibel sagt uns aber, dass nur der in den Himmel aufsteigt, der zuvor hinabgestiegen ist zur Erde. So ist das Fest Christi Himmelfahrt eine Einladung, zuerst einmal in die Tiefen unserer Seele hinabzusteigen. Dieser Hinabstieg führt uns durch das innere Chaos, durch dunkle und feuchte Bereiche, bis wir auf dem Grund der Seele den Himmel in uns entdecken. Aufstieg und Abstieg – descendit et ascendit im Glaubensbekenntnis – sind zwei wesentliche Schritte zu unserer Selbstwerdung. Die Liturgie besingt im Allelujavers, dass Christus bei seinem Abstieg alles in uns angenommen und in sich aufgenommen hat, gerade das Gefangene und Verletzte, um es bei seiner Himmelfahrt in den Himmel aufzunehmen. Wir sind mit ihm in den Himmel versetzt. Wir sind mit ihm aufgestiegen zum Vater. Und zugleich wohnt Christus im Himmel in uns. Beide Bilder – der Himmel über uns und der Himmel in uns – beschreiben das Geheimnis von Christi Himmelfahrt.

Pfingsten

Du bist der Atem und die Glut,
mit dem das Wort Gottes
gesprochen wird,
der Wind, der das Evangelium
trägt, überall hin und zu allen.

HUUB OOSTERHUIS

Während bei der Befragung der Bedeutung von Weihnachten sich die meisten Leute noch auf ein Fest der Familie einigen konnten, wären die Leute bei der Befragung nach dem Pfingstfest sicher ziemlich überfordert. Pfingsten ist in den letzten Jahren zu einer Art »Reisefest« avanciert. Wer immer es einrichten kann, macht schon einmal einen sommerlichen Kurzurlaub. Die Staus auf den Autobahnen geben Zeugnis davon.

Ganz anders als die Erzählung, die uns die Bibel zu diesem Geschehen berichtet. Denn dort befanden sich alle an einem Ort (Apg 2,1–42). Ein Ort, an dem sie, nach der Himmelfahrt Jesu, nun ständig blieben (Apg 1,1–13). Waren sie weniger reiselustig als wir? Wahrscheinlich hatten sie die Ängste der Passion noch im Nacken und wussten nun nicht genau, wie sie mit der Botschaft der Auferstehung und den Begegnungen mit Jesus umgehen sollten. Aber Pfingsten sollte nun endgültig Licht und Bewegung in das Leben der Jünger und Jüngerinnen bringen und soll es in unser Leben bringen.

Pfingsten kommt vom griechischen Wort »Pentekoste«, das »Fünfzig« bedeutet. Die Zahl Fünfzig ist die Zahl der Vollendung und die Zahl der Liebe. An Pfingsten vollendet sich das Geheimnis von Ostern. An Pfingsten sendet uns Jesus seinen Heiligen Geist. Der Heilige Geist durchdringt uns ganz und gar. Er vollendet an uns das Geheimnis der Auferstehung. Alles in uns hat nun teil an der Freiheit und Lebendigkeit der Auferstehung. Der Heilige Geist ist Lebensspender. Er macht alles Erstarrte und Erkaltete in uns lebendig und erfüllt es mit der Glut seiner Liebe. Und der Heilige Geist ist in uns wie eine Quelle, die uns immer wieder von Neuem erfrischt und stärkt. Lukas beschreibt den Heiligen Geist auch als Sturm, der alles Verstaubte aus uns herausbläst und uns im leisen Säuseln des Windes zärtlich streichelt.

Die Symbole des Geistes sind ganz gegensätzliche Bilder. Da ist Sturm gegenüber dem leisen Säuseln, Feuer gegenüber der erfrischenden Quelle. Der Geist Gottes erfüllt einfach jede Existenz und ist in allem lebendig. Diese Fülle begegnet uns nun auch in der Natur. Alles, was nur grünen und blühen kann, ist aufgewacht. Die Mittagssonne steht hoch am Himmel und spendet Wärme und Licht in Fülle.

Die liturgische Farbe an Pfingsten ist rot. Die Farbe des Feuers, aber auch der Liebe und der Leidenschaft. In vielen Kirchenliedern wird die Liebesglut des Heiligen Geistes besungen. Da wollen die Blumen natürlich auch mitreden und sich der liturgischen Farbe des Festes anpassen. Rote Anthurien haben nicht nur die Farbe des Feuers, sondern auch die Form von Feuerzungen. Die Anzahl sieben ist hier nicht nur eine ungerade Zahl für Blumenarrangements, sondern spricht von den sieben Gaben des Heiligen Geistes. Auch für Zuhause könnte man sich eine rote Anthurie gönnen. Zusammen z. B. mit einem rot gestalteten Tisch wird man sehr schnell daran erinnert, was an Pfingsten gefeiert wird. Auch Helikonien mit ihren flammenartigen Blüten, die fest mit dem Stamm verwachsen sind, erinnern an loderndes Feuer und sind eine eindrucksvolle Gestaltungsmöglichkeit für den Kirchenraum wie für unser Zuhause.

Die Pfingstrose, die schon immer Maria, der Rose ohne Dornen, zugeschrieben wurde, findet ihren Platz auf dem Marienaltar. In Rot gehalten weist sie darauf hin, dass auch Maria mit den Jüngern diese Geistsendung erfahren hat.

Pfingsten ist auch geprägt durch die neue Sprache, die uns der Heilige Geist schenkt. Der Heilige Geist kommt in Feuerzungen auf die Jünger herab und befähigt sie, eine neue Sprache zu sprechen, eine Sprache, die alle verstehen, weil sie aus dem Herzen kommt und das Herz der Hörer berührt. So ist Pfingsten die Verheißung, dass auch unsere Sprache in unseren Familien, in unserer Kirche, in unserer Gesellschaft neu wird, dass sie die Menschen ermutigt, aufrichtet und in ihren Herzen berührt.

Und vielleicht könnten wir daraus ein neues Ritual entstehen lassen. Blumen haben eine Sprache, die alle verstehen. Pfingsten Blumen zu schenken, als Zeichen, dass unsere Sprache einen neuen Ausdruck gefunden hat, wäre doch eine schöne Idee. Und wenn dann noch die Postbotin oder der Busfahrer mit einer Blume bedacht würden, dann hätte wirklich etwas Neues begonnen.

Dreifaltigkeitssonntag

*Drei Dinge sind uns aus dem
Paradies geblieben:
die Sterne der Nacht,
die Blumen des Tages
und die Augen der Kinder.*

DANTE ALIGHIERI

Der Dreifaltigkeitssonntag ist eine Woche nach Pfingsten und das fällt uns wahrscheinlich erst auf, wenn wir an diesem Tag in der Kirche sitzen. Es ist ein Fest, das in unserem alltäglichen Leben nicht präsent ist. Erst der Gottesdienstbeginn, die Liedauswahl und die Texte machen uns auf diesen Tag aufmerksam. Die biblischen Feste, die am Leben Jesu festgemacht sind, sind uns geläufiger und vielleicht fragen sich die meisten Gottesdienstbesucher, warum es für die Dreifaltigkeit ein eigenes Fest geben muss.

Mit dem Geheimnis der Dreifaltigkeit tun sich viele Christen schwer. Es bleibt ein Geheimnis, wie wir den dreifaltigen Gott verstehen sollen. Das Bild des dreifaltigen Gottes will uns Gott als den offenen Gott beschreiben: als den Gott, der uns erschaffen hat, der uns väterlich den Rücken stärkt; als den Sohn, der zu uns herabsteigt und mit uns unsere Wege geht; und als den Heiligen Geist, der in uns ist, der uns durchweht als die Liebe, die von Gott kommt und uns in Gott hineinführt. Die Bewegung geht von oben nach unten und von unten nach oben. Gott, der Schöpfer der Welt, der Vater aller Menschen, steigt in seinem Sohn zu uns hinab. Und der Heilige Geist, der uns durchdringt, führt uns wieder in Gott hinein zurück. Der dreifaltige Gott zeigt uns, dass wir nicht von Gott sprechen können, ohne vom Menschen zu sprechen. Und unsere Worte, die den Menschen beschreiben, sind immer schon offen für Gott. Gott und Mensch gehören wesentlich zusammen. Wie Gott dreifaltig ist, so auch der Mensch. Der Mensch hat in sich drei Bereiche: Leib, Seele und Geist. Alle drei Bereiche wollen von Gott berührt und durchdrungen werden. So ist das Fest der Heiligen Dreifaltigkeit ein Fest unserer menschlichen Würde. Unsere Würde besteht darin, dass wir in Gott hineinreichen und von Gottes Geist ganz und gar durchdrungen sind.

Dieser Gedanke müsste uns eigentlich den Atem stocken lassen, dass Gott uns in unserem Menschsein nicht nur nah ist, sondern dass wir ganz und gar mit Gott eine Einheit sind. Diese großartige Zusage ist es doch wert, um ihr auch in unserem Alltag einen Patz zu geben. Das ist gar nicht so schwer, denn diese Dreieinigkeit von Gott und Mensch dreht sich um die Zahl drei und darum, dass wir uns mit Gott einig sind. Aller guten Dinge sind drei, heißt ein altes Sprichwort, und wenn wir uns mit jemandem einig sind oder werden, löst das unsere Spannung und gibt uns ein gutes Gefühl.

Ganz bewusst drei Blumen in einer Vase oder einem Arrangement eine Einheit werden zu lassen, kann uns helfen, unseren Blick auf dieses Fest zu schärfen. Die Natur gibt uns jetzt Blumen in Fülle und so wird uns diese Auswahl vielleicht nicht leichtfallen. Aber so können wir diesem Fest ein eigenes Gepräge geben und die Blumen haben die Möglichkeit, uns daran zu erinnern. Es gibt auch sehr schöne verschiedene Kerzen mit drei Dochten: als Schalen, Stumpenkerzen oder Scheiben. Eine solche Kerze könnte an diesem Tag die üblichen Altarkerzen ablösen und würde noch einen eigenen Akzent setzen, sodass die Christen schon beim Betreten der Kirche bemerken: Der heutige Tag ist etwas ganz Besonderes.

Fronleichnam

Man sieht oft etwas hundert Mal,
tausend Mal,
ehe man es zum ersten Mal sieht.

CHRISTIAN MORGENSTERN

Fronleichnam feiern wir zehn Tage nach Pfingsten. Es ist ein eucharistisches Fest und will uns daran erinnern, dass das, was damals im Abendmahlsaal geschehen ist, auch wirklich ernst gemeint ist. Jesus gibt sich selbst hinein in dieses Brot und den Wein, damit er für immer zur Nahrung der Menschen wird. Der Gründonnerstag ist überschattet von den Ereignissen, die sich nach dem letzten Abendmahl überschlagen: Verhaftung, Folter, Tod. In dem Musical »Jesus Christ Superstar« lässt der Autor Jesus in dieser Stunde sagen: »Es wird nicht lange dauern und ihr werdet mich bald vergessen haben, aber wenn ihr das Brot und den Wein teilt, dann bin ich immer bei euch. Tut dies zu meinem Andenken« (sinngemäß übersetzt). Und bis auf den heutigen Tag folgen die Christen dieser Aufforderung. Dieses Geheimnis können wir nicht verstehen, aber wir dürfen es glauben. Und die glaubende Christenheit möchte das an diesem Tag der ganzen Welt zeigen.

Die Prozessionen ziehen durch die Straßen, vorbei an staunenden Menschen, aber auch an Schaulustigen und Spöttern. Unbeirrt werden alle Menschen in den vier Himmelsrichtungen gesegnet. Und kein Fest des Kirchenjahres wird mit so vielen Blumen gefeiert wie Fronleichnam. Vielleicht weil Fronleichnam ein weibliches Fest ist, ein Fest, das von einer Frau angeregt und durchgesetzt wurde, von Juliana von Norwich. Es entspricht der Sehnsucht der Frauen, dass die ganze Welt durch Christus verwandelt wird, dass es nichts in uns und in unserer Welt gibt, das nicht von Christus durchdrungen ist. An Fronleichnam tragen wir in der Monstranz die in Christi Leib verwandelte Hostie durch die Straßen unserer Welt. Wir drücken damit aus, dass die ganze Welt durch die Menschwerdung Christi verwandelt worden ist. Die Hostie ist wie ein Spiegel, in dem wir die ganze Welt in einem neuen Licht schauen. Überall ist Christus: in den Bäumen, die unsere Straßen säumen, in den Häusern, in den Geschäften, in den Menschen, die hinter der Monstranz herziehen. Fronleichnam will die ganze Welt durchdringen mit Christus. Teilhard de Chardin spricht von Amorisation. Alles, auch die Materie, ist von der Liebe Jesu durchdrungen. Überall können wir Christus begegnen. Und Christus will unser konkretes Leben, unsren Alltag, unsere Städte und Dörfer und unsere Umgebung, in der wir leben, durchdringen und verwandeln.

Ähnlich wie beim Einzug Jesu in Jerusalem, wo die feiernde Menge ihrem ersehnten Sohn Davids Palmen auf den Weg streute, so streuen heute die Kinder zu Fronleichnam Blumen auf die Straße. Das kennen wir eigentlich nur noch bei Hochzeiten. Aber wie die Liebe zwei Menschen verwandelt, sodass sie ein Leib werden (Gen 2,24), so werden wir in der Eucharistie eins mit Jesus Christus.

In diesen Hochsommertagen feiert die ganze Schöpfung mit. Sträuße von Wiesenblumen ebenso wie alles, was der Garten hergibt. Es ist auch eines der Feste, an dem Gemeindemitglieder Blumen aus ihren Gärten zum Schmücken der Altäre bringen. Sie bringen so sich selbst in diesen Blumen zum Altar.

Die Gottesdienste finden oft unter freiem Himmel statt, inmitten von Gottes herrlicher Schöpfung, und erinnern uns auch daran, wie dankbar wir für alles sein können, was um uns herum wächst und blüht und Früchte trägt.

Herz-Jesu-Fest

> *Viel Kälte ist unter den Menschen,*
> *weil wir es nicht wagen,*
> *uns so herzlich zu geben,*
> *wie wir sind.*

ALBERT SCHWEITZER

Das Herz-Jesu-Fest wird in der Woche nach Fronleichnam gefeiert. Ein Herz ist schon immer das Symbol der Liebe. Ob ein Paar ein Herz mit ihren Initialen in eine alte Sitzbank ritzt oder junge Mädchen ihre ersten Liebesbriefe mit Herzchen versehen, ein Herz spricht immer von Liebe. Und Gott sei Dank ist es auch noch nicht aus unserem alltäglichen Sprachgebrauch verschwunden. Wir sprechen davon, dass wir etwas auf dem Herzen haben oder dass uns jemand sehr am Herzen liegt. Dann möchten wir für diesen Menschen alles tun und ihm am liebsten alle Steine aus dem Weg räumen. Das Herz-Jesu-Fest betrachtet das geöffnete Herz Jesu und diese offene Wunde ist ein sehr starkes Symbol. Wenn wir davon reden, dass uns etwas das Herz bricht, dann sind wir emotional ganz tief betroffen und oft ist es eine Situation, aus der wir selbst keinen Ausweg finden. Dann hilft uns der Blick auf das geöffnete Herz Jesu, um unsere Wunde mit der Wunde des Herzens Jesu zu vereinen und zuzulassen, dass die Liebe Gottes uns ohne Wenn und Aber umfängt. Wer dieses Herz ansieht, soll wissen: Es liebt alle, »selbst diejenigen, die es ablehnen, sich lieben zu lassen« (Karl Rahner).

Es ist eine Ursehnsucht im Menschen, dass Gottes Liebe uns in einem menschlichen Herzen erscheint. Diese Sehnsucht erfüllt das Fest Herz-Jesu. Wir brauchen die Erfahrung eines menschlichen Herzens, um die Liebe Gottes emotional spüren zu können. Der Evangelist Johannes erzählt uns, dass ein Soldat am Kreuz eine Lanze in die Seite Jesu gestoßen hat. Und aus seinem Herzen strömen Blut und Wasser in die Welt hinein. Das ist die Frucht der Erlösung: Die reinigende (Wasser) und die belebende und stärkende (Blut) Kraft der Liebe Gottes strömt in die Welt hinaus und durchdringt die Welt. In jeder Eucharistiefeier trinken wir aus dieser Liebe, die aus dem Herzen Jesu zu uns strömt. Die Künstler im Mittelalter haben oft die Eucharistie so dargestellt, dass aus dem offenen Herzen Jesu sein Blut in den Kelch hineinströmt. Wir trinken in der Eucharistie die herzliche und beherzte Liebe Jesu. Das Herz-Jesu-Fest lädt uns ein, auch unser Herz zu zeigen, uns nicht hinter einer kalten Fassade zu verstecken, sondern unser Herz zu öffnen. Wer sein Herz zeigt, wird auch verwundbar. Aber die Verwundbarkeit ist die Bedingung, lieben zu können.

Es gibt keine Liebe ohne Verletzungen. Und es gibt kein Herz, das nicht irgendwann aufgebrochen wird, um sich in Liebe zu ergießen.

Nicht bei allen wird dieses Fest eine so große Bedeutung haben, dass es uns im Alltag erreicht. Aber gerade heute, wo uns Nachrichten von Gewalt und Terror, Hass und Krieg täglich erreichen, könnten wir ein Zeichen setzen. Blumen sprechen von Herz zu Herz in ihrer eigenen Sprache. Wenn wir an diesem Tag in unserer Geschäftigkeit einmal innehalten und etwas von Herzen tun: Ein wirklich »herzliches« Dankeschön, eine herzliche Zuneigung auch zeigen oder eben mit dem Geschenk einer einzelnen Blume das Herz eines anderen erreichen, dann werden wir sicher am Abend von Herzen froh sein.

Erntedankfest

Im Herbst dürfen wir dankbar auf das schauen, was in unserem Leben gewachsen ist.

ANSELM GRÜN

»Ohne Gott und Sonnenschein bringen wir die Ernte ein«, so stand es früher auf den Transparenten der DDR-Traktoren, wenn sie zum Ernten fuhren. Wir Christen lasen das damals mit einem Schmunzeln. Es klang für uns so, als ob dieser atheistische, diktatorische Staat sich selber Mut machen wollte. Heute gibt es im September und Oktober in jedem

Dorf ein Erntefest und immer öfter, so kann man beobachten, fehlt der Dank im Namen des Festes. Und das nicht nur auf dem Gebiet der ehemaligen DDR. Erliegen wir langsam der Hybris, dass wir mit unserer wunderbaren Technik und einer exzellenten Organisation alles selbst machen können? Die Natur gibt uns die Antwort darauf, und zwar positiv und negativ. Wie oft stehen Menschen vor Naturkatastrophen, gegen die sie aber auch gar nichts ausrichten können. Und wie reich beschenkt uns die Natur im Herbst, auch ohne dass die Menschen etwas dafür getan haben. Wir gehen Pilze und Beeren sammeln, wir erfreuen uns an Wildkräutern und Feldblumen und sogar die Chausseebäume tragen manchmal Äpfel und Pflaumen. Es ist Zeit, Dank zu sagen! Vor allem auch für das Geschenk unseres gemäßigten Klimas, in dem so reiche Ernten eingebracht werden können.

Am Erntedankfest danken wir Gott für die Früchte der Erde, die wir in diesem Jahr ernten durften. Wir schauen auf die Natur und ihre Früchte mit den Augen des Glaubens. In der Schöpfung erkennen wir den Schöpfer. In den Früchten der Erde schauen wir die Barmherzigkeit Gottes, mit der er für uns sorgt. Aber Erntedankfest ist auch die Einladung, dankbar zu sein für das eigene Leben, für die Ernte, die wir in unserem Leben einfahren durften. Und Erntedankfest will uns in die Haltung der Dankbarkeit einführen. Dankbarkeit gehört wesentlich zum Menschen. Das deutsche Wort danken kommt von denken. Wer richtig über sich und sein Leben nachdenkt, der ist dankbar. Die Dankbarkeit macht uns innerlich zufrieden und glücklich. Der undankbare Mensch ist immer unzufrieden. Und er ist für seine Mitmenschen unangenehm. Die Dankbarkeit ist die Grundlage für inneren Frieden und Zufriedenheit.

So ist es in unseren Gemeinden üblich, von den geernteten Früchten des Feldes und der Gärten etwas in die Kirche zu bringen. Immer ist es ein wunderschönes, reiches buntes Bild, was sich uns bietet, wenn alles vor dem Altar ausgebreitet ist. Diese Fülle spiegelt sich auch in den Blumen wider. Es ist die Zeit der Sonnenblumen und der Dahlien, die am Erntedankfest nicht fehlen wollen. Aber die Gärten bieten noch genug, um große Vasen mit Blumen zu füllen. Getreidehalme und Maiskolben sind auch sehr dekorativ. Früchte oder Gemüse in Körben geben ein schönes Bild und erzählen von der Fülle, die uns geschenkt ist und für die wir nur dankbar sein können. Als ich noch als Gemeindereferentin gearbeitet habe, hatte ich zu einem Erntedankfest die Kinder vorher aufgefordert, dass jeder das zum Erntealtar bringt, wofür er in diesem Jahr besonders dankbar ist. Neben allerlei technischem Krimskrams, einem Fahrrad und Urlaubsfotos brachte ein kleiner Junge einen Vogelbauer mit einem Wellensittich mit und stellte ihn zwischen die Erntegaben. Zur Freude der Gemeinde piepste er hier und da sein Lob und seinen Dank in den Gottesdienst hinein und da war die Sprache der Schöpfung auch einmal mit den Ohren hörbar.

Allerheiligen

Es gibt sie nicht im Kalender.
Es gibt sie nicht als
Gipsfiguren.
Es gibt sie mitten unter uns:
die Freunde Gottes –
ohne heiligen Schein.

PETRUS CEELEN

An Allerheiligen öffnet sich der Himmel und wir schauen auf alle Menschen, die vor uns gelebt haben und nun in der Herrlichkeit Gottes für immer daheim sind. Wenn wir in der Kirche die Liturgie (Gottesdienst) feiern, dann wird die Grenze zwischen Himmel und Erde aufgehoben. Wir singen das Lob Gottes gemeinsam mit allen Heiligen. Die Liturgie ist nicht nur unser frommes Tun, sondern vielmehr Teilhabe am Tun der Heiligen. Wir tauchen ein in die Gemeinschaft der Heiligen. Wir fühlen uns von der Gemeinschaft der Heiligen getragen. Das gibt unserer Liturgie Fröhlichkeit und Leichtigkeit. Es nimmt uns die Schwere unseres oft mühsamen Singens und Feierns. Die Gemeinschaft der Heiligen schenkt uns die Hoffnung, dass wir nicht allein sind mit unserem Glauben. Und die Gemeinschaft der Heiligen bringt uns in Berührung mit den Lichtseiten unserer Seele. Wir haben nicht nur Schattenseiten, sondern auch Lichtseiten. In jedem von uns ist etwas Heiliges, etwas, was der Welt entzogen ist. Und die Heiligen schenken uns die Hoffnung, dass Gott auch unsere Wunden zu heilen vermag. Die Heiligen sind immer auch geheilte Menschen. Ihre Verletzungen wurden durch Gott geheilt, ihre Sünden vergeben, sodass sie als gereinigte bei Gott sein dürfen. So vermitteln uns die Heiligen, dass alle unsere Wunden geheilt und unsere Sünden vergeben werden.

Zum Fest Allerheiligen am 1. November hat sich die Natur bereits in den Winterschlaf begeben. Die Bäume sind entlaubt und die Gärten sind winterfest gemacht. Wenn es noch nicht gefroren hat, blühen vielleicht noch ein paar kleine Winterastern und manchmal hält eine kleine Rosenknospe noch tapfer durch. Die Blumen des Novembers sind Chrysanthemen. Sie haben den typischen Novembergeruch nach feuchter Erde und nassem Laub. Es gibt sie mit vielen kleinen Blüten an einem Stängel oder einer großen Blüte an einem Stiel. Die Farben sind weiß, gelb oder rostfarben, wie das abgefallene Laub. Am Fest Allerheiligen ist die liturgische Farbe weiß und da sprechen Blumen am besten, wenn man sich auf die weiße Farbe beschränkt. Wenn zu Allerheiligen die Grenze zwischen Himmel und Erde aufgehoben ist, dann möchten die Blumen beides zum Ausdruck bringen: den Himmel und die Erde. Die Erde bietet uns zu dieser Jahreszeit kahle Zweige, Moos, Baumrinde, Efeu oder ein paar immergrüne Zweige wie

Lebensbaum oder Stechpalme. Das ist nicht wenig und alles lässt sich wunderbar mit weißen Blumen zu einer Einheit gestalten. Dazu eignen sich wieder Schalen besser als Vasen. Blumensteckmasse, mit Moos belegt, ist eine feste Grundlage und gibt gleichzeitig die Stille in der Natur wieder. In der Kirche könnte man, zu Ehren der Evangelisten, eine Vase zum Ambo, dem Ort der Verkündigung, stellen. Wenn zum Gottesdienst dann auch noch die Apostelleuchter angezündet werden, kann so die Bedeutung des Festes noch besser transportiert werden.

Allerseelen

> *Der Tod, den die Menschen*
> *fürchten, ist die Trennung*
> *der Seele vom Körper.*
> *Der Tod, den die Menschen*
> *nicht fürchten, ist die*
> *Trennung von Gott.*
>
> AUGUSTINUS

Einen Tag nach dem Fest Allerheiligen ist der Gedenktag Allerseelen. Diese beiden Feste, Allerheiligen und Allerseelen, sind nicht nur zeitlich eng miteinander verbunden. Immer geht es um die Generationen, die vor uns gelebt haben, um ihr Leben, ihr Leiden und ihr Sterben. Es ist ein Tag gegen das Vergessen.

Wenn man in diesen Tagen abends durch die Dörfer fährt oder in den Städten an einem Friedhof vorbeikommt, kann man weithin die Lichter sehen, die auf den Gräbern aufgestellt werden.

An Allerseelen besuchen wir unsere Gräber. Wir denken an die Verstorbenen, die wir gekannt haben. Das Fest will uns in Berührung bringen mit den Wurzeln, aus denen wir leben, mit der Glaubenskraft und Lebenskraft unserer verstorbenen Angehörigen und Freunde. In unserer globalisierten Gesellschaft ist das gar nicht mehr so einfach. Oft leben Familien weit voneinander entfernt, ja sind über den ganzen Erdball verstreut. So hat man nicht immer die Möglichkeit, die Gräber zu besuchen, mit Blumen zu schmücken und für die Verstorbenen ein Licht zu entzünden. In solchen Fällen hilft uns eine kleine Laterne. In dieser Jahreszeit werden überall schöne Laternen aus Holz oder Metall angeboten. So eine Allerseelen-Laterne kann man dann ins Fenster stellen und am Abend eine Kerze für einen verstorbenen Verwandten oder Freund anzünden. Wir können uns an sie erinnern und sogar mit ihnen Zwiesprache halten. Walter Benjamin drückt das so aus: »Es besteht eine geheime Verabredung zwischen den gewesenen Geschlechtern und unserem. Wir sind auf der Erde erwartet worden.« Das ist ein schöner Gedanke: eingebettet zu sein in die vorherige Generation und die künftige.

Das Fest Allerseelen zeigt uns, dass wir die Verstorbenen nicht vergessen, sondern dass sie bei uns sind. Wir müssen nicht mehr für sie beten, vielmehr verbindet das Gebet uns mit ihnen. Das Gebet hebt die Grenze auf zwischen Leben und Tod. Im Gebet ehren wir die Verstorbenen und ehren damit unsere eigene Herkunft. Und im Gebet bitten wir sie, dass sie uns vom Himmel aus beistehen mögen. Die Gemeinschaft mit ihnen geht weiter, aber auf eine andere Weise. Wir können sie nicht festhalten. Wir müssen sie in Gott hinein loslassen. Aber von Gott her möchten uns unsere Verstorbenen auf unserem Weg begleiten, damit wir aus ihrer Glaubenskraft leben können.

Das kann man manchmal sogar an der Gestaltung der Gräber sehen. Es wird natürlich überall, in jedem Supermarkt, fertiger Grabschmuck angeboten. Aber schon hier ergibt sich eine Möglichkeit, mit den Verstorbenen nonverbal zu kommunizieren. Wir erinnern uns daran, welche Blumen er besonders liebte, oder an sein Hobby. Das Grab nicht für uns gestalten oder unter dem Aspekt, dass es das schönste Grab in der Reihe ist. Sondern den Verstorbenen damit ehren, sein Andenken zu bewahren und seine Geschichte der nächsten Generation weiterzugeben. Davon kann auch ein individuell gestaltetes Grab erzählen. Manchmal sieht man es bei Kindergräbern, diese sind oft liebevoll mit kleinen Blumen und Spielzeug geschmückt, geradeso, wie das Kind gelebt hat.

Allerseelen ist die Einladung, die Botschaft zu verstehen, die die Verstorbenen durch ihr Leben und Sterben an uns richten.

Christkönigsfest

Dem König der Ewigkeit,
dem unvergänglichen,
unsichtbaren, einzigen Gott,
sei Ehre und Herrlichkeit
in alle Ewigkeit.

1 TIM 1,17

Mit dem Christkönigsfest schließt das Kirchenjahr. Unser Königsbild ist wahrscheinlich weitläufig durch die Medien geprägt. Sehr oft gibt es Berichte über die Königshäuser und die bunten Gazetten sind voll mit Klatsch und Tratsch über sie. Offensichtlich sind die Einschaltquoten so gut, dass solche Sendungen sogar mehrfach wiederholt werden, und auch die bunten Blätter liegen in jeder Arztpraxis im Zeitschriftenständer. Berichtet wird über Glanz und Prunk und teure Kleider. Was fasziniert uns so an Königen und Königinnen? Und wie passt in dieses Bild Christus, der König?

Christus ist auf andere Weise König als die Herrscher dieser Welt. Er ist der König am Kreuzesstamm. Im Johannesevangelium wird das Wesen des Königtums Jesu sichtbar. Jesus sagt von sich: »Mein Königtum ist nicht von dieser Welt« (Joh 18,36). An Christkönig feiern wir, dass wir alle Könige und Königinnen sind. In uns ist eine königliche Würde. Und in uns ist ein Königtum, das nicht von dieser Welt ist. Daher kann uns niemand, der uns verletzt, der uns erniedrigt, der uns tötet, dieses innere Königtum nehmen. In uns ist etwas Unverletzbares. Das macht unsere Würde aus. Und das schenkt uns die Freiheit allen irdischen Königen gegenüber.

Im Alltag werden wir uns wahrscheinlich nicht jeden Tag dieser Würde bewusst. So ist auch dieser Tag ein Tag der Erinnerung an uns selbst und unsere Zugehörigkeit zu einem Königreich, das größer als diese Welt ist. In der Firmung werden wir gesalbt zu Priestern, Königen und Propheten. Vielleicht ist das Fest auch dazu angetan, uns an unsere Firmung zu erinnern, dieses Auftrages wieder bewusst zu werden und diesen Tag auch in diesem Sinn zu feiern.

Es gibt viele Abbildungen von Jesus, wo er mit den Insignien eines Königs, Zepter und Reichsapfel, dargestellt wird. Oft sogar als Kind, auf dem Schoß seiner Mutter sitzend. Sollte so eine Abbildung in der Kirche sein, könnte man diesen Ort mit Blumen festlich hervorheben. Eine andere Möglichkeit, die Blumen sprechen zu lassen, ist die Betonung des Kreuzesthrones. Eine Krone ist auch ein königliches Symbol. Jesus hatte keine andere Krone als die Dornenkrone. Aber mit dieser Dornenkrone hat er am Kreuz den Tod besiegt zu einem ewigen Leben. Aus ein paar Dornenzweigen lässt sich ein Kranz als stilisierte Dornenkrone flechten. Diese kann mit dazwischengesteckten Blumen zum Blühen gebracht werden. So kann uns diese blühende Krone das Geheimnis dieses Festes vermitteln.

Johannes zeigt uns noch einen anderen Aspekt am Königtum Jesu: »Ich bin ein König. Ich bin dazu geboren und dazu in die Welt gekommen, dass ich für die Wahrheit Zeugnis ablege« (Joh 18,37).

Als königliche Menschen ist es unsere Aufgabe, in dieser Welt für die Wahrheit Zeugnis abzulegen, den Menschen die Augen zu öffnen für ihre eigentliche Würde, für ihre königliche, für ihre göttliche Würde. Das richtet die Menschen auf und lässt sie aufrecht als Könige und Königinnen durch diese Welt schreiten. Sie sind nicht mehr manipulierbar durch irgendwelche Demagogen. Ihre königliche Würde macht sie immun gegen alle Marktschreier.

Die Marienmonate

> Blumen blühen niemals lange,
> aber sie nutzen die ganze Zeit,
> um schön zu sein.
>
> PHIL BOSMANS

Mai und Oktober sind die Marienmonate. In den volkskirchlich geprägten Regionen sind diese Monate tief im Glauben der Menschen verwurzelt. Im Mai wurden früher täglich Maiandachten gehalten.

Auch erfreuen sich Maiandachten wieder neuer Beliebtheit. In der Diaspora hingegen sind nur noch die älteren Menschen damit vertraut. Vielen Jüngeren fehlt der Zugang dazu und viele Kinder wissen gar nicht mehr, was ein Rosenkranz ist, und schon gar nicht, was er bedeutet. Daher haben gerade dort die Blumen eine wichtige Aufgabe: Sie helfen, die Tradition wachzuhalten und die Menschen zum Nachdenken zu bringen.

Im Mai feiern wir Maria als die schönste aller Blumen. Maria als die mütterliche Frau hat immer schon eine innige Verbindung zur Mutter Erde. Und die Mutter Erde zeigt sich im Mai in ihrem schönsten Gewand. In den Maiandachten feiern wir die enge Verbindung von Maria zur Schönheit der Schöpfung.

Wenn dann der Marienaltar oder der Ort in der Kirche, wo Maria verehrt wird, in den Marienmonaten ganz besonders schön geschmückt ist, fällt das jedem Kirchenbesucher sofort auf. Dabei ist der Kreativität keine Grenze gesetzt: Mit Kerzen, Tüchern und Blumen kann so in dieser Zeit der Ort zu einem echten Blickfang werden und Maria so ins rechte Licht rücken. Im Mai sind es besonders die Pfingstrosen, »die Rose ohne Dornen«, die schon immer mit Maria in Zusammenhang gebracht wurden. Aber auch frisches Birkengrün, Himmelsschlüsselchen und alles, was der Garten in dieser Zeit hergibt, kann zur Ehre Marias verwendet werden.

Aber wir feiern in Maria auch unsere eigene Schönheit. Schön kommt von schauen. Wer sich liebevoll anschaut, der ist schön. Hässlich ist nur der, der sich selber hasst. Indem wir auf Maria, die schöne Frau, schauen, erkennen wir wie in einem Spiegel unsere eigene Schönheit. Und wir erfreuen uns unserer Schönheit. Wir tragen sie wie Maria zur Schau, voller Dankbarkeit, dass Gott uns schön gemacht hat.

Der Oktober ist der Rosenkranzmonat. Früher betete man täglich den Rosenkranz in der Kirche. Der Rosenkranz ist eine alte Form der Meditation. Er geht auf das 13. Jahrhundert zurück. Er war gleichsam das Breviergebet (Stundengebet der Priester) der Laien, die im fünfzigmaligen Wiederholen des Ave Maria die wichtigsten Geheimnisse aus dem Leben Jesu betrachteten. Der Rosenkranz ist ein meditatives Gebet, das uns immer tiefer in das Geheimnis unseres Glaubens und unserer Erlösung einführen möchte. Viele beten den Rosenkranz auch für andere Menschen. Es ist eine einfache Weise, während des wiederholenden Betens an bestimmte Menschen zu denken und ihnen die erlösende Kraft Jesu und die mütterliche Liebe Marias zu wünschen.

Ebenso wie im Mai darf auch im Oktober der Platz der Maria besonders liebevoll gestaltet sein. Im Wort Rosenkranz sind ja die Worte Rosen und Kranz verborgen und das kann man an dieser Stelle z. B. auch einmal wörtlich nehmen: Ein Kranz aus Rosen, um eine große Kerze gelegt, gibt diesem Wort eine lebendige Schönheit. Meistens gibt es so eine Schale für den Osterleuchter, in deren Mitte man eine Kerze stellen kann. Aber auch um eine Marienfigur kann man einen solchen Kranz von Rosen anordnen. So sprechen die Blumen ganz unmittelbar zu den Betern und zu den Betrachtern.

Aber auch zu Hause ist es gut, in den Marienmonaten Maria einmal mehr zur Geltung bringen. Wenn man eine kleine Marienikone oder ein Bild hat, könnten sie, mit einer kleinen Blume geschmückt, einen exponierten Platz für diese Zeit bekommen. Wenn nicht, genügt vielleicht auch der Kalender, um Maria einen Termin zu geben.

Patronatsfest / Kirchweihfest

Fürchte dich nicht,
denn ich habe dich
ausgelöst,
ich habe dich beim
Namen gerufen,
du bist mein.

JES 43,1

Jede Kirche feiert ihr eigenes Kirchweihfest und ihr Patronatsfest. Das Kirchweihfest erinnert nicht nur an die Weihe der Kirche vor soundso viel Jahren. Das Kirchweihfest will die Gemeinde vielmehr einladen, sich selbst als Kirche zu verstehen. Gott möchte nicht nur in der steinernen Kirche wohnen, sondern auch in der lebendigen Kirche der Gläubigen. Doch zugleich will uns das Kirchweihfest ein Gespür für die eigene Kirche vermitteln. In dieser Kirche haben unsere Vorfahren seit vielen Jahren gebetet und ihrer Hoffnung im Gottesdienst Ausdruck verliehen. Wenn wir diese Kirche betreten und in ihr still verweilen, kommen wir in Berührung mit all denen, die vor uns hier gebetet und meditiert haben. Und in den Eucharistiefeiern haben wir teil an all den Menschen, die hier früher die Eucharistie gefeiert haben und sie jetzt im Himmel als himmlisches Mahl gleichzeitig mit uns feiern.

Jede Kirche hat auch ein Patrozinium. Meistens sind es Heilige, denen die Kirchen geweiht sind. An ihren Festen feiert man dann das Patrozinium. Manchmal sind es aber auch Aspekte aus dem Wirken Jesu, das der Kirche ihren Namen gibt. So gibt es Herz-Jesu-Kirchen oder Heilig-Geist-Kirchen. Wenn es Marienkirchen sind, dann sind sie nicht einfach nur nach Maria benannt, sondern drücken einen ganz bestimmten Aspekt aus ihrem Leben aus. Da gibt es Kirchen zu den Sieben Schmerzen Mariens. Es gibt die Kirche Mariä Himmelfahrt oder Mariä Heimsuchung. Die Patroziniumsfeste sind immer eine Einladung, das Geheimnis des Heiligen oder das Geheimnis aus dem Leben Jesu oder Mariä so zu deuten, dass es der Gemeinde heute ihre Identität verleiht. Dabei ist es gut, die Bilder auf sich wirken zu lassen, die uns die verschiedenen Patrozinien vor Augen führen. Auch wenn manche Heilige uns nur durch Legenden bekannt sind, bieten diese Legenden doch viele Anknüpfungspunkte für unser Glaubensleben heute. Der heilige Sebastian z. B. gibt uns Mut, verwundbar zu bleiben, anstatt uns zu verschließen. Der heilige Rochus lädt uns ein, die eigenen Wunden zu zeigen. Der heilige Georg will uns mit unserer eigenen Kraft in Berührung bringen, uns gegen feindliche Kräfte zu wehren und das Böse in uns zu töten. Die Bilder, die die Patrozinien uns anbieten, können eine Gemeinde miteinander verbinden. Bilder wollen sich einbilden und die Menschen verwandeln. Und gemeinsame Bilder vereinen die Menschen, die sonst so verschieden sind. Denn diese Bilder sprechen alle an und schaffen so auf dem Grund der Seelen eine Einheit, die allen guttut.

Und auch hier wollen sich die Blumen noch einmal zu Wort melden. Beide Feste haben etwas mit unseren Wurzeln zu tun. Das Kirchweihfest erinnert daran, dass diese Kirche gebaut und geweiht wurde und die Gemeinde anfing, in ihr zu leben. Dabei bekam sie auch ihren Namen. Und das Patrozinium zeigt uns, wie weit diese Wurzeln zurückgehen. Sie reichen über das Leben der Heiligen bis hinein in das Leben Jesu. Da bietet sich natürlich eine Wurzel an, um diesen Gedanken auf den Weg zu helfen. Sie kann man mit frischen Blumen schmücken oder auch, wieder ausnahmsweise, eine blühende Topfpflanze in ihr verstecken. Diese hat selbst auch Wurzeln und zeigt uns die Hoffnung an, dass diese Gemeinde weiterwachsen möchte. Die frischen Blumen sprechen dann davon, dass diese Gemeinde die Kirche lebendig erhalten hat bis auf den heutigen Tag. Wenn man eine große Wurzel hat, könnte man auch alle Gemeindemitglieder bitten, zu diesem Tag eine einzelne Blume mitzubringen. Diese könnten dann von jedem in vorbereitete Schalen oder Vasen gestellt werden, die man vorher in oder um die Wurzel angeordnet hat. Das wird mit Sicherheit stilistisch nicht perfekt werden, aber es ist ein schönes, eindrückliches Bild von lebendiger Gemeinde. Der Gemeindepatron oder die Patronin wird in der Kirche sicher mit einem Bild oder einer Statue vertreten sein. Diesen Ort könnte man an diesem Tag auch mit einer lebendigen Blume betonen, und sei es nur eine einzelne Rose in einer schmalen Vase. Das spricht nicht nur zur Gemeinde, sondern darüber freut sich mit Sicherheit auch der oder die Heilige.

Die festfreie Zeit

Man muss die Feste feiern,
wie sie fallen.

DEUTSCHES SPRICHWORT

Die Zeiten zwischen dem Weihnachtsfestkreis und dem Osterfestkreis nennen wir die festfreie Zeit. Die liturgische Farbe ist grün, die Farbe des Lebens. Die längste festfreie Zeit geht vom Pfingstmontag bis zum Advent, also über den ganzen Sommer. Auch in dieser festfreien Zeit sprechen die Blumen, aber leise! Wenn wir zu einem Fest eingeladen sind, dann ziehen wir auch eine festliche Kleidung an, die zu dem Anlass passt. Wir machen uns besonders schön zurecht, aber unterscheiden schon, ob es ein Geburtstag, ein Hochzeitsfest oder eine

Einladung in die Oper ist. Das hat nichts damit zu tun, dass wir etwa im Alltag schlechter gekleidet wären, eben nur anders. Blumen tragen in der festfreien Zeit ihre »Alltagskleidung«. Die Blumen dürfen sich schon in der Auswahl und Fülle von einem Fest unterscheiden. Gerade im Sommer, wenn die Gärten voller Blumen stehen, ist es manchmal schwer, sich zu beschränken. Aber es ist eben keine Festzeit! Das Kirchenjahr ist in seiner Dynamik so schön angelegt, dass sich Festzeiten und stille Zeiten abwechseln. Nur in dem Wechsel von Fest und Alltag kann man die Feste richtig genießen. Das gilt eigentlich für alles im Leben, trifft auch für die Blumen zu. Da die Natur uns gerade in dieser Zeit alles in Fülle zur Verfügung stellt, darf man sich die Zeit nehmen auszuwählen. Und gerade dabei kann man ein gutes Gespräch mit den Blumen führen, indem man sich gegenseitig anschaut. Wir schauen die Blumen an, die Blumen schauen uns an. Sie erreichen uns in unserer jeweiligen Situation und wir können ganz einfach unser Herz sprechen lassen und wählen, was uns jetzt guttut.

Praxis der Gestaltung

*Vollkommenheit besteht nicht darin,
dass man nichts mehr hinzufügen kann,
sondern dass man nichts mehr
weglassen kann.*

MARTIN BUBER

Wenn Sie, liebe Leserinnen und Leser, dieses Buch bis hierher gelesen haben sollten, dann kennen Sie schon die wichtigste Voraussetzung, Blumen zum Sprechen zu bringen, das Schauen. Wenn wir die Blumen anschauen, dann schauen die Blumen auch uns an. Und dort beginnt schon das wortlose Zwiegespräch mit ihnen. Unser Herz wird uns sagen, welche Blume heute zu uns passt, zur Jahreszeit oder zum bevorstehenden Fest. Dann brauchen wir nur noch die Hand nach ihnen auszustrecken und der Anfang ist gemacht. Sollten Sie zu den Menschen gehören, die gar keine Vase besitzen und das sofort als Ausrede nutzen, trösten sie sich: Ich habe ganz viele Vasen, aber ganz selten passt eine zu den Blumen, mit denen ich gerade etwas gestalten möchte. Jedes Gefäß mit Wasser kann Blumen zur Geltung bringen.

Das Arbeiten mit Vasen

Für eine einzelne Blüte passt jedes Gefäß mit einem schlanken Hals, das können auch Flaschen oder Gläser sein. Sollten die Gefäße eine zu breite Öffnung haben (z. B. Wassergläser) sodass die Blume nicht gut steht, kann man unten in das Gefäß einen Stein hineinlegen und die Blume so befestigen. Auch ein Stück Borke oder ein kleiner Ast eignen sich gut. Bei einem Glasgefäß sieht das sogar sehr schön aus: Die Blume ist geerdet.

Bei Vasen für Blumensträuße sollte man unbedingt die Höhe beachten. Langstielige Blumen brauchen eine große Vase. Aber wenn man so eine große Vase auf den Tisch stellt oder auf den Altar in der Kirche, dann sieht man die Blumen eigentlich nur noch von unten. Eine große Vase mit Blumen ist also besser auf dem Fußboden platziert, wo unser Blick von oben auf den Strauß fällt.

Wenn der Rand einer Vase sehr weit ist, passiert es, dass die Blumen manchmal nicht gut stehen, sondern immer wieder am Rand aufeinanderfallen. Ein kleines Stück Maschendraht hilft und ist in jedem Baumarkt erhältlich. Es wird etwas zusammengedreht einfach in die Vase gesteckt. Das füllt die Vase mehr aus und durch die Löcher des Drahtes lassen sich die Blumen leichter in ihre Position bringen.

Bekommen wir einen gebundenen Blumenstrauß geschenkt, kann man ihn auch so in ein Gefäß stellen. Die Stiele lassen sich beliebig kürzen, bis der Strauß in dem Gefäß gut steht. Das tut den Blumen sogar gut. Bei einzelnen Blumen, ganz gleich, ob sie selbst gepflückt oder selbst gekauft sind, darf man sich die Zeit nehmen, sie auch einzeln in die Vase zu stellen. So können Form und Farbe am besten angeordnet werden.

Es gibt auch die Möglichkeit, wenige Blumen in einer Vase zu einem Gesteck anzuordnen. Dann hilft ein kleiner Würfel handelsüblicher Blumensteckmasse oder ein kleiner japanischer Steckigel, am Boden der Vase versteckt, die Blumen in die richtige Position zu bringen. Mit einem japanischen Steckigel lässt sich leichter arbeiten, weil er viel schwerer ist als die Blumensteckmasse und die Blumen außerdem im Steckigel mehr Wasser bekommen.

Das Arbeiten mit Schalen

In einer Schale lassen sich Blumen individueller gestalten, da wir viel mehr Möglichkeiten haben, uns selbst einzubringen. Voraussetzung ist wieder ein entsprechend großer Steckigel oder ein Stück Blumensteckmasse. Am schönsten ist es, wenn wir die Wahl der Blumen der Natur ablauschen. Jede Jahreszeit hat ihren ganz eigenen Reiz, der durchaus auch Auswirkung auf unsere Stimmung und unser Wohlbefinden hat, wenn wir ihn erst einmal wahrgenommen haben. So werden wir eins mit der Schöpfung, die uns täglich ihr neues Gesicht zeigen will.

Soll ein Arrangement in der Mitte auf dem Tisch stehen, werden die Blumen ringsherum angeordnet. An einem auserwählten Platz kann ein Gesteck auch von hinten nach vorn gesteckt werden, wobei die größten Blumen hinten stehen und am Fuß des Gesteckes das kürzeste Detail. (Haben Sie den Mut, Stiele radikal zu kürzen.) Die Blumen lassen sich problemlos einige Male wieder herausziehen und anders anordnen, wenn sie uns so noch nicht angesprochen haben. Auf alle Fälle gilt das obige Zitat von Martin Buber auch für die Arbeit mit den Blumen. Etwas salopp übersetzt heißt es: Weniger ist mehr!

Ich erinnere mich gut an meinen ersten Ikebana-Kurs, die japanische Blumensteckkunst. Zunächst bekam jede Teilnehmerin eine einzige Gladiole, einen Steckigel und eine Schale. Daraus sollten wir ein Gesteck gestalten. Wir schauten uns alle ratlos an, wie man aus einer einzigen Blume ein Gesteck fertigen soll. Bis der Ikebanameister uns auf die Sprünge half und uns zeigte, wie man vorsichtig die spitzen Blätter von der Gladiole löst, wie sie sich zwischen den Fingern biegen lassen, und wie man mutig Stiele kürzt und den Rest des Stieles auch noch verwenden kann. Ja, es lässt sich wirklich mit einer Blume ein Gesteck anfertigen. Damit Blumen ihre Persönlichkeit behalten und zur Geltung kommen, brauchen sie Luft. Das heißt: Wenn den einzelnen Blumen der Platz fehlt, dann hebt sich ihre Wirkung gegenseitig auf. Gerade exotische Blüten mögen keine »fremden Götter« neben sich. Da sucht man besser ein passendes Beiwerk.

Das Arbeiten mit dem Beiwerk

Genauso wichtig wie die Blumen ist das Beiwerk. Dazu zählt jegliche Art von Naturmaterial: grüne (oder im Herbst auch bunte) Blätter, Wurzeln, kahle Zweige, Zapfen, Moos, rote Beeren, eben alles, was sich zur jeweiligen Jahreszeit finden lässt. Eine Wurzel lässt uns verwurzelt sein in der Erde und in der Zeit, in der wir gerade leben. Ein kahler Zweig kann den Frühling oder den Herbst deutlich machen, aber auch uns selbst. Manchmal fühlen wir uns wie ein dürrer Zweig, wo gerade nichts sprießen will. Im Sommer können wir Steine oder Muscheln mit in das Wasser legen. Sie erinnern uns an das Meer, den Urlaub, eine unbeschwerte Zeit. Im Winter sind wir mit dem grünen Beiwerk ziemlich festgelegt. Koniferen, Lebensbaum, vielleicht noch etwas Efeu und für Advent und Weihnachten natürlich Kiefer und Tannengrün und alle Arten von Zapfen.

Es lohnt sich, in einem Blumenladen einmal nur das Beiwerk anzuschauen. Die Vielfalt von verschiedenem Blattwerk ist unglaublich. Manchmal reicht wirklich eine Blüte für ein Gesteck, weil das Beiwerk sie erstrahlen lässt. Wie gesagt, die schönsten Linien macht die Natur selbst. Mit einem Zweig Korkenzieherhasel zum Beispiel wird jedes Gesteck ein einmaliges Erlebnis. Man kann ihn immer wieder verwenden und das Wunder ist: Er sieht immer anders aus, wenn er wieder mit anderen Blumen gesteckt wird.

> *Nutze die Talente, die du hast!*
> *Die Wälder wären sehr still,*
> *wenn nur die begabtesten Vögel sängen.*
>
> HENRY VAN DYKE

Das Zitat will uns nun Mut machen zu beginnen. Wenn wir am Anfang keinen großen Plan machen oder mit einer festen Vorstellung im Kopf beginnen, dann haben wir die größte Chance, von dem Ergebnis überrascht zu sein. Überlassen wir das einfach den Blumen. Sie werden uns sagen, was wir in dieser Stunde brauchen. Im Gestalten kommen die Ideen. Manche Idee gefällt sofort, manche verwerfen wir wieder oder fangen noch einmal an. Das darf uns nicht entmutigen. Mir passiert das immer wieder, dass ich nochmal von vorn beginne, wenn ein Gesteck nicht zu mir spricht. Dann kommt es vor, dass jemand neben mir steht und sagt: »Was hast du denn nur? Das sieht doch gut aus.« Vielleicht sieht es gut aus, aber wenn es für mich nicht stimmig ist, möchte ich es nicht so stehen lassen.

In vielen unserer Kirchen ist der Blumenschmuck ein Stiefkind. Keiner hat Zeit dafür, es werden am besten Blumen gekauft, die lange halten, oder man nimmt einfach zu den bewährten Alpenveilchentöpfen Zuflucht. Die stehen dann den ganzen Winter. Und, ich wage es gar nicht zu schreiben, es stehen inzwischen hier und da unechte Blumen auf den Altären und stauben vor sich hin. Das ist für mich wirklich eine Beleidigung Gottes. Dazu gibt es sogar einen Hinweis in den Leitlinien der deutschen Bischöfe, dass von der Verwendung künstlicher Blumen abzusehen ist (Die Deutschen Bischöfe, Leitlinien 41). Echtheit und Vergänglichkeit machen das Wesen des Blumenschmucks in der Kirche aus.

Wir möchten Sie ermutigen, Ihren Kirchen wieder ein Gesicht zu geben und die Blumen zur entsprechenden Kirchenjahreszeit sprechen oder schweigen zu lassen. Um den Zeitfaktor zu entlasten, kann man sich auch in einer Gruppe zusammenfinden und die Sonntage aufteilen. So können Ideen ausgetauscht werden: Man kann sich gegenseitig inspirieren.

Die Zeit, die wir im Kirchenraum verbringen, um die Sprache der stummen Prediger für die Gemeinde erfahrbar zu machen, ist vor allem eine Zeit für uns selbst, weil sie uns ganz einfach guttut.

Zur Entstehung des Buches

Das Buch ist entstanden aus Gesprächen zwischen Monika Gunkel und P. Anselm Grün. Beide kennen sich seit bald 30 Jahren. Und beide haben sich engagiert in der Seelsorge, P. Anselm anfangs als Jugendseelsorger, dann als Leiter von vielen Kursen und Autor vieler Bücher. Monika Gunkel hat als Gemeindereferentin neue Wege ausprobiert, um die Gemeinden in der Diaspora der früheren DDR lebendig werden zu lassen. Ihr Anliegen war nicht nur, die Jugendlichen auf neue Weise zur Firmung zu führen und die Gemeindearbeit durch neue Ideen zu befruchten. Ihr Anliegen war immer auch, die Kirchenräume selbst sprechen zu lassen. Und eine wichtige Weise, wie die Kirche selbst für die Besucher zur Predigt werden kann, sind die Blumen. Wie eine Kirche mit Blumen gestaltet ist, sagt viel über die Spiritualität der Gemeinde aus. Und die Blumen drücken jeweils das Geheimnis des kirchlichen Festes und der Festzeit aus. Sie verkünden auch während der Woche noch, was die Kirche gerade feiert. Sie lassen die Botschaft der Feste weiterwirken für all die Menschen, die auch während der Woche die Kirche besuchen, um dort still zu verweilen.

Wir haben über die Feste des Kirchenjahres und ihre Bedeutung gesprochen und darüber, wie man das

Geheimnis dieser Feste durch Blumen angemessen zum Ausdruck bringen kann. Wir haben uns beim Schreiben einander ergänzt, sodass es ein einheitlicher Text geworden ist, ohne zu unterscheiden, welcher Text von wem stammt. Manchmal wird es natürlich in der Icherzählung deutlich, wer gerade schreibt.

Das Buch soll einmal allen Männern, vor allem aber Frauen, die sich ja bei der Gestaltung der Kirche am meisten engagieren, Anregungen geben, wie sie die Kirchen an den Festen und während des Jahres so prägen können, dass die Blumen die Botschaft der Feste weitertragen und auf sinnliche Weise das Geheimnis unseres Glaubens verkünden. Es soll aber auch allen Christen helfen, über die Gestaltung der Blumen in ihren Häusern nachzudenken. Die Feste des Kirchenjahres werden nicht nur in der Kirche gefeiert. Seit jeher hat die Volksfrömmigkeit versucht, das Geheimnis der Feste auch in den Alltag zu übertragen. Die Blumen am Mittagstisch, im Wohnzimmer und im Eingang eines Hauses können die Botschaft des Festes auch in unsere Wohnungen tragen und uns so einladen, das Geheimnis des Festes auch zuhause zu meditieren. Die Blumen erinnern uns daran, worum es an den Festen geht: Es geht immer auch um das Geheimnis unserer Heilung, unserer Erlösung, um das Geheimnis eines befreiten und gelingenden Lebens. Und es geht darum, unseren Glauben an das heilende Wirken Jesu zu vertiefen und auf anschauliche und liebevolle Weise auszudrücken.

So wünschen wir den Lesern und Leserinnen, dass sie sich anregen lassen, entweder selbst auf neue Weise ihre Kirche zu gestalten oder aber auch mit neuen Augen auf die Blumen ihrer Kirche zu schauen. Denn die Menschen, die das gestaltet haben, haben sich etwas dabei gedacht. Und wir wünschen den Lesern und Leserinnen, dass sie neue Fantasie entwickeln, auch ihre eigenen Wohnungen so zu verschönern, dass die heilende und befreiende Liebe Gottes auch daheim in den eigenen vier Wänden erfahrbar wird und den Alltag in der Familie verwandelt.

Monika Gunkel – Anselm Grün

Blumen und ihre symbolische Bedeutung

Alpenveilchen

Die meisten Arten der Alpenveilchen sind im Mittelmeerraum zu Hause. Nur eine Sorte ist in den Alpen verbreitet. Wenn draußen nichts mehr blüht, erfreut uns diese zierliche Zimmerpflanze, die kühle Räume liebt. Das Alpenveilchen steht für Bescheidenheit und Unschuld. So hat es vielerorts den Weg zur weihnachtlichen Krippe gefunden.

Amaryllis

Die Amaryllis, die in Europa als Zierpflanze kultiviert ist, kommt aus Südafrika zu uns und ist nur eine Sorte aus dieser großen Familie. Sie ist als Winterblüher die Weihnachtsblume an sich geworden. Sie passt, in den typischen Weihnachtsfarben rot und weiß, mit dem Tannengrün zu dem Festgeheimnis der Geburt Christi. Durch die Liebe des Vaters erwacht neues Leben und bringt Freude in die Welt.

Anemone

Die zarte Anemone zeigt uns im Garten ihr leuchtendes Rot nur eine kurze Zeit. Durch ihr schnelles Verblühen war sie schon früher ein Sinnbild für Vergänglichkeit alles Irdischen. Ihre rote Farbe erinnert an Christi Opfertod und die Märtyrer und ist ein Symbol für Abschied, Schmerz und Tod.

Anthurie

Die aus Südamerika kommende Flamingoblume verbreit von sich aus einen Hauch von Exotik und kraftvoller Stärke. Ihre herzförmigen Blüten erinnern uns auch an die pfingstlichen Feuerzungen aus der Apostelgeschichte. So sind sie zu allen Festen des Heiligen Geistes ein wirkungsvoller Blickfang.

Calla

Wir kennen die weiße Calla aus der Vergangenheit als klassische Trauerblume. Inzwischen hat sie es aber geschafft, dass wir auch ihre schlichte Eleganz wahrnehmen. Sie steht für Unsterblichkeit und ist daher besonders in der Kombination mit der gelben Calla gut geeignet, zu Ostern die Auferstehung erfahrbar werden zu lassen.

Christrose

Wenn eine Pflanze trotz Kälte und Eis ihre Blüten öffnet, dann zeigt sie uns, dass das Leben über unglaubliche Kräfte verfügt. Sie gilt als Symbol für langes Leben und Erlösung von der Angst. Schon im Mittelalter wurden ihre Wurzeln therapeutisch eingesetzt.

Chrysantheme

Die unzählig vielen Chrysanthemen-Arten sind ganzjährig in unseren Blumenläden zu sehen. Die Blütezeit zeigt uns hierzulande das Ende des Sommers an. Mit ihrem typisch herbstlichen Geruch verbinden wir die Feste Allerheiligen und Allerseelen, wo wir sie auf den Gräbern wiederfinden. Die Chrysantheme ist ein Symbol für Beständigkeit, wohl auch durch ihre lange Haltbarkeit.

Distel

Die Distel ist keine paradiesische Pflanze. Dornen und Disteln soll der Acker des Adam tragen, nachdem er aus dem Paradies vertrieben wurde. Durch ihre Verbindung mit dem Sündenfall und die Erinnerung an die Erbsünde wurde sie dennoch zum Symbol der Erlösung durch die Passion Christi.

Granatapfel

Viele Darstellungen in der Kunst zeigen Eva beim Sündenfall mit einem Granatapfel. Vielleicht gilt er daher als Zeichen der Leidenschaft und Verführung. In Judäa war die Bundeslade und das hohepriesterliche Gewand mit Darstellungen des Granatapfels geschmückt. Dort galt er als Zeichen für schöpferische Gestaltungskraft. Maria, die neue Eva, hat uns den Erlöser geboren und so symbolisiert er zu Weihnachten die Erlösung von der Schuld Evas.

Helikonia

Helikonien, auch Hummerscheren genannt, gedeihen im Tiefland von Regenwäldern. Ihr Name ist vom griechischen Berg Helikon abgeleitet, der als der Sitz der Musen gilt. Ihre flammenartigen Blüten, die fest mit dem Stamm verwachsen sind, erinnern an loderndes Feuer. Für Pfingsten und die Feste des Heiligen Geistes, der nach dem Bericht der Bibel in Feuerzungen auf die Menschen herabkam, sind sie ein eindrucksvoller Altarschmuck.

Hyazinthe

Die Hyazinthe ist eine der ersten Frühblüher. Sie ist ein Sinnbild für das jährliche Erwachen der Natur. Nach antikem Vorbild waren in der Renaissance Hyazinthen häufig Hochzeitsblumen. Sie gelten als Zeichen der Treue.

Iris / Schwertlilie

Auf manchen Darstellungen, die Maria und den Verkündigungsengel zeigen, sieht man neben der Lilie auch eine Schwertlilie. Sie symbolisiert die göttliche Botschaft, dass Maria ein Schwert durch die Seele dringen wird. Eine Iris lässt sich gut bei einer Pieta arrangieren.

Kornblume

Die blaue Blume. Eine alte Sage erzählt über ihre Entstehung: Eine Blume von solcher Farbe konnte nur dem Himmel selbst entstammen. So wurde sie das Symbol der Himmelskönigin Maria und zum Sinnbild für Treue und Beständigkeit.

Krokus

Der Krokus ist eine der Blumen, die in der Bibel genannt werden. Im Hohenlied Salomos heißt es: Du bist die Jungfrau, denn du bist wohlriechend wie ein Krokus in Sharon. Später wurde dieser Vergleich auf die Jungfrau Maria übertragen. Er gilt als Zeichen für himmlische Glückseligkeit.

Levkoje

Levkojen sind eine Veilchenart und stehen für Heiterkeit und Frieden. Die Levkoje ist eine beliebte Blume in Haus- und Klostergärten. So fand sie auch zu ihrer Verwendung als Osterblume. Ihr sehr reines Weiß ist zusammen mit gelb die typische Osterfarbe.

Lilie

Die Lilie bezeichnet die Reinheit des Herzens. Das Hohelied Salomos besingt die Liebste als eine Lilie unter Dornen. Das Christentum übernimmt diesen Vergleich für Maria und so wird die Lilie zum Zeichen der unbefleckten Empfängnis. Lilien werden auch gern als Beerdigungsblumen verwendet. Nach dem Tod wird der Mensch als reine Seele auferstehen.

Maiglöckchen

Auf vielen mittelalterlichen Gemälden sind Maiglöckchen zu Füßen oder in den Händen der Gottesmutter dargestellt. Da der Mai als der Marienmonat bekannt ist, wurde es so zur Marienblume. Man nannte es auch Marienträne und meinte, es sei aus den Tränen, die Maria unter dem Kreuz vergossen hat, entstanden.

Malven

Malven gehören zu den ältesten Heilpflanzen der Menschheit. Alle Teile der Pflanze lassen sich zu medizinischen Zwecken verwenden. Sie sind in der christlichen Bildsprache Zeichen der Heilung und Vergebung und damit Sinnbilder der Auferstehung.

Mohn

Der rote Mohn an den Rändern der Kornfelder ist seit dem Mittelalter ein Gleichnis für Brot und Blut, ein Symbol für das Messopfer, die Eucharistie und die Passion Christi. Er wird auch als Sinnbild für oberflächlichen Genuss und bewusstem Leben in der Nachfolge Jesu Christi beschrieben.

Myrte

Die Myrte wurde in Laufe der Jahrhunderte zur Blume der Braut. Bereits im Römischen Reich steckten sich die Bräute Myrtenzweige ins Haar. Als Lieblingsblume der Venus, die auch als die Herrin der

Ehe galt, ist sie bis heute das Symbol für die Liebe, Schönheit und Jugend. Zu Kränzen oder Girlanden gebunden, schmückt sie Hochzeiten und in der katholischen Kirche auch oft das Fest der Erstkommunion der Kinder.

Narzisse

Der schöne Jüngling Narkissos, so erzählt die Mythologie, sah im Wasser sein Spiegelbild und verliebte sich in sich selbst. Er beugte sich zu tief hinunter, fiel ins Wasser und versank. An dieser Stelle wuchs am Ufer eine Narzisse. So wurde die Narzisse ein Symbol der Selbstliebe und des Todes. In der christlichen Religion galten diese Blumen seit dem Mittelalter als Zeichen für Tod und Auferstehung.

Nelke

Der Name Nelke ist im 15. Jh. von der Gewürznelke auf die Gartennelke übergegangen. Die Form des Gewürzes erinnert an Nägel. So wurde aus Nägelein irgendwann Nelke. Im Christentum wird die Nelke als Marienblume im Zusammenhang mit der Passion Christi gesehen. Die rote Nelke ist bis heute die Blume der Sozialisten und Sozialdemokraten.

Passionsblume

In die Passionsblume hat Gott selbst das Leiden Christi gezeichnet. In jedem Teil der Blüte spiegelt sich das Passionsgeschehen. Beim genauen Betrachten kann man die Dornenkrone, die Geißelsäule, die zerrissenen Kleider, die drei Nägel und die fünf Wunden entdecken.

Pfingstrose

Die »Rose ohne Dornen« ist eine der wichtigsten Blumen des Marienkultes. Ihre Blütezeit im Mai lässt sie zum Altarschmuck für die Gottesmutter und die vielen Festtage im Mai werden. Mit ihren roten Blüten ist sie Zeichen der brennenden Liebe zu Gott. Auch wurde die Pfingstrose früher zu therapeutischen Behandlung verschiedener Krankheiten eingesetzt.

Primel / Schlüsselblume

Sie öffnet verschlossene Türen. In der christlichen Symbolik des Mittelalters wird Maria selbst zur Wurzel, aus der die Primel hervorgeht und die Schlüssel des Himmels bereithält. Das geöffnete Paradies wird in einigen Weihnachtsliedern besungen, aber ebenso kennt man in dieser Zeit die Primel als ein Symbol der Auferstehung Christi.

Ringelblume

Der Ringelblume, die englische Bezeichnung ist »Marygold«, wird eine besondere Beziehung zu Maria zugeschrieben. Sie wurde auch Liebfrauenblume genannt, weil ihre heilende Wirkung bei Frauenleiden bekannt war. Noch heute wird Calendula in der Medizin und Kosmetik verwendet. Ihre satte,

goldene Farbe hat ihr auch das Sonnensymbol eingebracht. Sie dient auch als Speisefarbe.

Rose

Die Königin der Blumen besticht durch ihre Schönheit, ihren Duft und einer Vielzahl von Farben. Sie
ist und bleibt das Symbol der Liebe und Sinnen-
freude. Auf den Festen der Antike wurden Rosen in
verschwenderischer Fülle dekoriert. Daher galt die
Rose bei den ersten Christen als dekadent. Aber die
Rose hat gewonnen und schließlich weihte man die
Königin der Blumen Maria, der Gottesmutter. Die
roten Rosen als Zeichen der Schmerzen, die weißen
als Zeichen der Freude.

Sonnenblume

Schon vor 3000 Jahren wurde die Sonnenblume von
Indianern zur Kulturpflanze entwickelt. Sie trägt
ihren Namen wegen der Form ihrer Blüte und der
Eigenschaft, sich täglich mit der Sonne zu drehen.
Früher war sie das Symbol vieler Herrscher, heute
ist sie zum Sinnbild für die Bewahrung der Schöpfung geworden.

Stiefmütterchen

Das Stiefmütterchen wird auch Dreifaltgkeitsblume
genannt. Seine dreifarbigen Blüten sind in einem
Strahlenkranz um ein Auge angeordnet: ein Zeichen
der göttlichen Dreieinheit. Am ersten Sonntag nach

Pfingsten, dem Dreifaltigkeitssonntag, wurden die Blumen zum Segnen in die Kirche gebracht.

Tulpe

Die gerade aufgerichtete Tulpe wächst der Sonne entgegen und wurde so die Blume der Sonne. Sie erblüht bei Sonnenschein und schließt ihren Kelch bei Sonnenuntergang. Sie ist das Sinnbild für Wohlstand und Reichtum, aber auch für die Vergänglichkeit alles Irdischen. So ist sie als Frühlingsblume ein Symbol für die Auferstehung geworden.

Vergissmeinnicht

Die »blaue Blume« ist ein Symbol der Treue und Beständigkeit. Den Volkssagen nach ist sie die Wunderblume, die alle Wünsche erfüllt, nach denen das Herz sich sehnt. Aber dort warnt es: »Vergiss das Beste nicht!« Neben allen irdischen Gütern soll man die Gottesliebe und Demut nicht vergessen.

Weihnachtsstern

Der Weihnachtsstern ist im Mittelmeerraum ein immergrüner Strauch, der bis vier Meter hoch werden kann. In unseren Breiten als Zimmerpflanze kultiviert, gehört sie seit vielen Jahren zur Weihnachtszeit. Sie ist eine Kurztagspflanze und darf nicht mehr als zwölf Stunden Tageslicht bekommen, sonst kann sie nicht blühen. So ist sie wirklich eine WeihNACHTspflanze.

Literaturnachweis

Heilmeyer, Marina
Die Sprache der Blumen –
Pflanzen und ihre symbolische Bedeutung
Bassermann Verlag, München 2016.

Nießen, Adelheit
Blumen preisen den Schöpfer
Herder, Freiburg im Breisgau 1991.

Fritz, Andrea Gabriele / Raub, Andreas
Erde, singe
Dialogverlag Münster 2007.

Bieger, Eckhard
Das Kirchenjahr entdecken und erleben
Benno Verlag, Leipzig ohne Jahr.

Ceelen, Petrus
Jeder Tag neu
Patmos Verlag, Düsseldorf 1986.

Riedel, Ingrid
Farben –
In: Religion, Gesellschaft, Kunst und Psychotherapie
Stuttgart 1985.

Momentaufnahmen

Die Momentaufnahmen auf der beiligenden CD-ROM sind in dem Moment entstanden, als die Zwiesprache mit den Blumen beendet war. Natürlich konnte zu diesem Zeitpunkt kein professioneller Fotograf zugegen sein, da es sich um viele Momentaufnahmen durch das Jahr handelte.

So danke ich meinem (unserem) Freund Winfried Stitz für seine Mühe, die Fotos so zu bearbeiten, dass die Motive, so gut es eben möglich war, verdeutlicht werden konnten. Den Leser/die Leserin bitten wir, die Momentaufnahmen in diesem Sinn ausschließlich als Anregung zu betrachten.

Zu folgenden Festen im Kirchenjahr finden sich Beispiele von Momentaufnahmen:

- Advent
- Weihnachten
- Mariä Lichtmess
- Palmsonntag
- Gründonnerstag
- Ostern
- Pfingsten
- Allerheiligen
- Marienmonate Mai & Oktober
- Jahreskreis außerhalb der kirchlichen Festkreise